Plath · »Spielend« unterrichten und Kommunikation gestalten

AF511267

Für Christoph D. Frieß, der mit Humor, Geduld und journalistischem Sachverstand maßgeblich zur Entstehung dieses Buches beigetragen hat

Maike Plath

»Spielend« unterrichten und Kommunikation gestalten

Mit schauspielerischen Mitteln für Unterricht begeistern

BELTZ

Maike Plath ist freie Theaterpädagogin und war über viele Jahre Lehrerin für Deutsch und Darstellendes Spiel an einer Hauptschule in Berlin-Neukölln. Als Jurorin für das »Theatertreffen der Jugend Berlin« (Berliner Festspiele) und durch Lehraufträge in ganz Deutschland setzt sie sich für die Weiterentwicklung des Theaterunterrichts an Schulen öffentlichkeitswirksam ein. Sie arbeitet heute als künstlerische Leiterin der Jugendtheaterprojekte am Heimathafen Neukölln und im Vorstand von »Act e. V.« und entwickelt und realisiert Weiterbildungskonzepte in den Bereichen kulturelle Bildung und Inklusion.

Das Werk einschließlich aller seiner Teile ist urheberrechtlich geschützt.
Jede Verwertung ist ohne Zustimmung des Verlags unzulässig.
Das gilt insbesondere für Vervielfältigungen, Übersetzungen, Mikroverfilmungen und die Einspeicherung und Verarbeitung in elektronische Systeme.
Die Verlagsgruppe Beltz behält sich die Nutzung ihrer Inhalte für Text und Data Mining im Sinne von § 44b UrhG ausdrücklich vor.

MIX
Papier | Fördert gute Waldnutzung
FSC® C089473
FSC www.fsc.org

Dieses Buch ist erhältlich als:
ISBN 978-3-407-62956-2 Print

2., erweiterte Auflage 2015

© 2010 Verlagsgruppe Beltz
Werderstraße 10, 69469 Weinheim
service@beltz.de
Alle Rechte vorbehalten

Lektorat: Miriam Frank
Umschlaggestaltung: glas ag, Seeheim-Jugenheim
Umschlagabbildung: © Maria Zillich, Berlin

Satz und Herstellung: Michael Matl
Druck und Bindung: Beltz Grafische Betriebe, Bad Langensalza
Beltz Grafische Betriebe ist ein Unternehmen mit finanziellem Klimabeitrag (ID 15985-2104-1001).
Printed in Germany

Weitere Informationen zu unseren Autor:innen und Titeln finden Sie unter:
www.beltz.de

Inhalt

1 Einführung

Bei all den unterschiedlichen Auffassungen, die derzeit zum Thema Schule und Bildung in Umlauf sind, lässt sich doch dieser gemeinsame Konsens finden: *Das deutsche Schulsystem könnte besser sein.* Und vor allem: *Alle daran Beteiligten könnten zufriedener, ja sogar glücklicher sein.*

Es gibt eine Vielzahl immer neuer Methoden und Konzepte, Modell- und Reformschulen, Privat- und Gesamtschulen, Gymnasien, Stadtteilschulen und so weiter und so fort. Und es gibt eine große Verunsicherung, welche Methode und welche Schulform denn nun die beste sei. Es gibt schlechte PISA-Ergebnisse, besorgte Eltern, gestresste Schüler/innen und immer mehr Lehrer/innen mit Burnout-Syndrom. Kurz: Es gibt eine Menge Probleme und Baustellen.

Es gibt aber auch eine Menge verschiedener Schulen, die sich auf den Weg gemacht haben, mutige Schritte der Veränderung gegangen und damit erfolgreich sind. Und trotzdem lösen gerade diese Schulen wiederum Ängste, Skepsis und erbitterten Widerspruch aus. Warum ist der Schauplatz Bildung ein solches Schlachtfeld? Gibt es denn wirklich nichts, das wir konstruktiv zur Zufriedenheit aller verändern können? Gibt es tatsächlich keinen kleinsten gemeinsamen Nenner?

Dieses Buch will den kleinsten gemeinsamen Nenner finden und den Fokus inmitten all der vielen verwirrenden und umstrittenen Bildungsbaustellen auf einen einzigen Aspekt richten: auf den Lehrer bzw. die Lehrerin. Denn letztendlich steht am Anfang einer Veränderung nie ein Konzept – sondern ein Mensch. Wenn wir davon ausgehen, dass der Lehrer heute

- nicht mehr »vorne« steht und Wissen doziert,

- nicht mehr nur Lehrer, sondern viel mehr Berater, Mentor und Begleiter ist,
- wesentliche erzieherische und psychologische Aufgaben übernimmt,
- im Großen und Ganzen auf eine verhaltensauffälligere Schülerklientel trifft als noch vor 20 Jahren,
- möglichst individuell auf die einzelnen Schülerbedürfnisse eingeht und differenzierte Lernwege eröffnet,
- persönlichere, differenziertere Beziehungen zu den Schülerinnen und Schülern aufbaut als noch vor 20 Jahren üblich,

dann ist es doch eigentlich erstaunlich, wie sehr Lehrerinnen und Lehrer mit ihren deutlich veränderten Aufgaben im Alltag alleingelassen werden.

In der Ausbildung lernt man, eine 45-Minuten-Stunde auf die Sekunde genau abzuzirkeln und dabei ein zuvor festgelegtes Lernziel zu erreichen. Man lernt den Umgang mit einer Vielzahl von Medien und auch, wie diese effektvoll im Unterricht einzusetzen sind. Es geht schwerpunktmäßig um Fächer, Inhalte und Didaktik.

Womit man sich aber überhaupt nicht auseinandersetzt: Was genau passiert nonverbal an Kommunikation im Klassenraum? Was denken die Schülerinnen und Schüler? Wie motiviere ich sie nachhaltig zum Lernen? Was mache ich, wenn eine Unterrichtssituation eskaliert?

> »Studenten, die sich auf den Lehrerberuf vorbereiten, sollten sich nicht nur mit den Themen ihrer Fächer beschäftigen, sondern auch – und das findet in ihrer regulären Ausbildung bislang noch nicht statt – mit Fragen wie: Was sind die Komponenten einer zwischenmenschlichen Beziehung? Welche Einflussmöglichkeiten habe ich als Lehrer oder Lehrerin, im Unterricht eine gelingende Beziehung mit der Klasse zu gestalten? Wie erkenne und deute ich die (offenen und verdeckten) Signale, die von der Klasse ausgehen? Was sind die (meist unbewussten) Motive von Kindern, die sich störend oder destruktiv verhalten? Welche Rol-

le spielt die Art meines Auftretens? Was sind meine (offenen und verdeckten) verbalen und körpersprachlichen Signale, mit denen ich Einfluss auf das Verhalten der Kinder nehmen kann?« (Joachim Bauer in »Lob der Schule«, Bauer 2007, S. 79)

Theoretisch glaubt jeder, dass er das alles »irgendwie« weiß. Ich dachte das auch. Nach zehn Jahren Berufserfahrung an recht beschaulichen kleinen Schulen in der Schleswig-Holsteiner Provinz glaubte ich, eine ganz passable Lehrerin zu sein. Dann kam ich an eine Hauptschule in Berlin-Neukölln. Obwohl ich die Schüler/innen dort – entgegen meinen vorherigen Erwartungen – sehr schnell mochte, flog mir mein gesamter Unterricht buchstäblich um die Ohren. All die vielen Methoden aus dem Referendariat und meinen bisherigen Berufsjahren funktionierten überhaupt nicht mehr.

Aus Angst, im kompletten Chaos zu versinken, erschien es mir plötzlich wichtig, Ruhe herzustellen. Denn irgendwie hat man ja die Vorstellung: Wenn es ruhig ist, dann kann gelernt werden. Ruhe ließ sich am einfachsten und effektivsten herstellen, indem ich entgegen meiner sonstigen Überzeugung auf ganz konservative Unterrichtsmethoden zurückgriff: Alle Schüler/innen sitzen an ihren Plätzen, der Lehrer führt ein, was gelernt werden soll, dann gibt es Arbeitsbögen ...

Tatsächlich war es dann endlich leise und sah von außen nach »gesittetem Unterricht« aus. Vor allem konnte man sich nun der Illusion hingeben, alles »im Griff« zu haben. Leider musste ich aber sehr schnell feststellen, dass sich nun alle Schüler/innen in einer Art »Stand-by-Modus« befanden, im Halbschlaf also, und die einzige auf den Unterricht bezogene Aktivität im Klassenzimmer spielte sich in meinem Kopf ab. Ein oder zwei Schüler/innen bemühten sich artig, meine Erwartungen zu erfüllen, meldeten sich hin und wieder, fragten etwas, schrieben dies oder jenes auf. Der Rest dämmerte vor sich hin und ließ den Unterricht wie einen fernen Zug an sich vorbeifahren.

Nach wenigen Wochen bewahrheiteten sich meine Befürchtungen: Noch nicht einmal ein Zehntel dessen, was ich zu vermitteln versucht hatte, war hängen geblieben. Die Schüler/innen eröffneten mir eine beeindruckende Leere. Ich hatte, um ihre Worte zu gebrauchen, »Unterricht für die Wand« gemacht – frei nach dem Ausdruck »Erzähl das doch der Wand!«.

Viele Lehrer/innen gehen dann ins Lehrerzimmer und beschweren sich lautstark über die Dummheit und Faulheit ihrer Schüler/innen, »dass das Niveau immer weiter den Bach runtergeht, dass die Schüler früher viel besser waren, dass alles an der ›Kuschelpädagogik‹ liegt« und so weiter und so fort. Das kann man natürlich machen. Aber es nützt niemandem etwas.

Als ich dann anfing, mit den Schüler/innen in Projekten zu arbeiten und Theater zu spielen, erwachten sie zwar aus ihrem Dornröschenschlaf, wurden erfreulich aktiv und in ihren verschiedenen Persönlichkeiten erst sicht- und greifbar. Andererseits rollte daraufhin aber eine andere Lawine auf mich zu: differenzierteste Kommunikation mit den Jugendlichen auf unzähligen Ebenen. Ein falscher Blick, ein falsches Wort oder ein Schweigen im falschen Moment, und schon hatte ich Aggression, Verweigerung oder Wutausbrüche am Hals.

1.1 Warum jeder Lehrer ein Schauspieler ist

Jedes *wache* Kind fordert hundertprozentige Aufmerksamkeit, will gesehen, gehört, verstanden werden. Und zwar auf seine jeweils besondere, individuelle Weise. Dies ist aber in der altbekannten, traditionellen Unterrichtsform, in der sich Lehrer/innen und Schüler/innen vorwiegend rollenspezifisch verhalten, kaum möglich. Wenn man wirklich will, dass Jugendliche etwas in der Schule lernen, dann muss man sie in Bewegung bringen und ihnen Freiräume geben, denn das motiviert und ist wirkliches Leben.

Bringt man seine Schüler/innen aber in Bewegung, dann braucht man als Lehrer/in mehr als gut gemeinte Tipps in der Art von »Stellen Sie sich vorne hin und warten Sie, bis es ruhig ist« – man kann mitunter bis Weihnachten warten. Oder: »Nur der spricht, der den Stein in der Hand hat« – niemand spricht, alle schreien und der Stein fliegt durch die Gegend.

Denn plötzlich entsteht eine unendliche Anzahl verschiedener Unterrichtssituationen, die in Wirklichkeit Beziehungssituationen sind. Diese kann nur *der* Lehrer langfristig meistern und beherrschen, der aus dem engen Korsett rollenspezifischer Lehrerverhaltensweisen ausbricht und über ein großes Repertoire an anderen, situations- und beziehungsbezogenen Verhaltensmöglichkeiten verfügt.

Wie diese Verhaltensmöglichkeiten aussehen können, das habe ich erstaunlicherweise nicht in meiner Lehrer-, sondern in meiner Theaterausbildung gelernt. Denn dort begegnete ich zum ersten Mal der Statuslehre des Theatermachers Keith Johnstone, die darauf basiert, dass alle Menschen im normalen Alltag unbewusst und fortwährend ihren Status aneinander ausrichten (vgl. Johnstone 2002).

Unbewusste Statusspiele finden unter allen Menschen jeden Tag zu jeder Zeit statt. Jeder Mensch weiß instinktiv, ob er seinem Gegenüber unter- oder überlegen ist oder ob »Gleichstand« herrscht. *Warum* das aber so ist, wissen die wenigsten: Kleinste Gesten und Blicke, alle körpersprachlichen Signale sind ausschlaggebend dafür, ob unser Gegenüber uns im Hoch- oder im Tiefstatus wahrnimmt, ob es uns als Gegner oder als Freund einschätzt, ob es uns vertraut oder lieber auf Abstand geht. Und jedes (Status-)Verhalten löst automatisch eine instinktive Reaktion beim Gegenüber aus.

Lehrer/innen sind Schüler/innen gegenüber im gesellschaftlich definierten Hochstatus. Einen großen Teil ihrer Kraft verwenden sie immer noch darauf, ihren sozialen Hochstatus den Schüler/innen gegenüber zu behaupten, was zunehmend schwieriger wird. Denn die gesellschaftlich verabredeten, hierarchisch basierten Codes (z.B. »Wenn der Lehrer spricht, sind die Schüler leise«) sind in den letzten Jahrzehnten in einem fast unmerklichen Prozess anderen Codes gewichen.

Dies wird schon daran deutlich, dass eine Erziehung zu Disziplin und Gehorsam heute von einer Erziehung zur möglichst individuellen Entfaltung der Persönlichkeit abgelöst worden ist. Dass sich dadurch insbesondere gesellschaftlich definierte Verhaltenscodes ändern, ist nur folgerichtig. Statt also eine verlorene Schlacht im Klassenzimmer zu kämpfen und darüber betrübt zu sein, dass die Schüler/innen so »unerzogen« geworden sind, lohnt es sich, die gesamte Situation unter dem Aspekt »Status« zu betrachten und sich damit eine neue Welt zu erschließen.

Was hat das alles nun mit Schauspiel zu tun? Keith Johnstone (2002) fand heraus, dass ein Bühnengeschehen erst dann lebendig und überzeugend wirkt, wenn die Schauspieler/innen bewusst Status spielen und die Zuschauer/innen sofort intuitiv (unbewusst) erkennen können, wer beispielsweise in einer Szene der »Chef« ist, also Hochstatus spielt. Erst wenn dem Publikum klar ist, wer gegenüber wem welchen Status hat, erkennt es sich selbst und ist gebannt.

Im Gegensatz zu den Zuschauer/innen ist den Schauspieler/innen aber bewusst, wie sie Hochstatuswirkung auf der Bühne erzielen können. Sie verfügen über einen reichhaltigen Schatz an Verhaltensmöglichkeiten, deren Wirkung ihnen bekannt ist und die sie situationsangemessen zum Einsatz bringen können. Zum Beispiel gibt es die unter Schauspieler/innen bekannte Regel »Den König spielen immer die anderen«, was bedeutet, dass derjenige, der den König spielt, eigentlich gar nichts zu tun braucht: Sein Hochstatus entsteht durch das Tiefstatusspiel *aller anderen* auf der Bühne (aber natürlich ist das noch längst nicht alles).

Dieses Buch widmet sich insbesondere der folgenden Problematik: Was passiert, wenn die Schüler/innen im Klassenraum (also die »anderen«) den Hochstatus des Lehrers *nicht* »mitspielen«? Dann fällt nämlich auf, dass der Lehrer doch mehr tun muss, als einfach nur dazustehen und »nichts zu machen«. Das Geheimnis, Hochstatus auszustrahlen, und die Fähigkeit, eine Situation zu beherrschen (was im Übrigen nicht dasselbe ist!), ist schon etwas komplexer. Beispielsweise lernen Schauspieler/innen im Gegensatz zu Lehrer/innen auch, wie man Präsenz im Raum herstellt.

Lehrer/innen sollen keine Schauspieler sein. Lehrer/innen sollen auch nichts vortäuschen. Aber es ist sinnvoll, wie Schauspieler/innen einiges über die Wirkung von körpersprachlichen Signalen zu wissen, um im Alltag situationsangemessen und damit selbstbestimmter agieren zu können.

Als Lehrer/in werden wir von anderen (meistens den Schüler/innen) ununterbrochen beobachtet und (instinktiv) auf Statussignale hin ausgewertet. Menschen machen das unbewusst. Was bei ihnen an Signalen ankommt, führt wiederum zu instinktiven Reaktionen. So ist das Verhalten der Schüler/innen immer eine Spiegelung unserer eigenen Verhaltensweisen.

Die meiste Zeit wissen wir aber gar nicht, was wir über unsere Körpersprache aussenden – obwohl doch eigentlich jeder weiß, dass nonverbale Signale eine stärkere Wirkung haben als verbale: Wenn jemand mit niedergeschlagenem Gesichtsausdruck sagt, es gehe ihm gut, werden Sie diesem Menschen nicht wirklich glauben.

Unter diesem Blickwinkel ist es geradezu unglaublich, dass Lehrer/innen in ihrer Ausbildung nichts über Statusverhalten und die damit eng zusammenhängenden Wirkungen von körpersprachlichen Signalen lernen. Bisher soll jeder Lehrer »irgendwie« mit seinen Klassen klarkommen – in einem hochkomplexen Berufsalltag, der zum größten Teil aus Kommunikation mit anderen Menschen besteht! Es gibt Lehrer/innen, die instinktiv vieles richtig machen – dann spricht man von »geborenen Pädagogen« und bringt damit die heimliche Überzeugung zum Ausdruck, dass man »bestimmte Dinge« nun einmal nicht lernen kann: »Der eine hat eben ein Händchen dafür, der andere nicht.«

Dies ist eine absurd unprofessionelle Haltung zum Lehrerberuf. Wo sonst in beruflichen Zusammenhängen verlässt man sich denn auf den Instinkt? Würden Sie das Urteil eines Richters ernst nehmen, wenn Sie wüssten, dass er es instinktiv fällt? Würden Sie einem Arzt vertrauen, der bei Ihrer Operation auf der Grundlage von Instinkt oder »angeborenem Talent« operiert? Talent ist natürlich hilfreich – aber eben längst nicht alles.

Lehrer/innen müssen im Wesentlichen Kommunikations- und Beziehungsexperten sein, um ihren zunehmend komplex gewordenen Berufsalltag professionell bewältigen zu können. Auf diesem Feld sind sie aber kaum geschult. Lehrer/innen sind Experten in ihren studierten Fächern und in Fragen der Didaktik. Dabei wird aber vergessen, dass sie nicht einfach nur Mathematik, Geschichte oder Englisch unterrichten – im Wesentlichen unterrichten sie Menschen. Wie man aber mit Jugendlichen erfolgreich kommuniziert, wird jedem Lehrer mehr oder weniger selbst überlassen. Wenn er also »kein Händchen« dafür hat, dann hat er eben Pech gehabt und seine Gesundheit ist bis zum vierzigsten Lebensjahr wahrscheinlich ruiniert.

1.2 Das Status-Paradoxon

Das »Status-Paradoxon« ist ein von mir geschaffener Begriff, um ein Phänomen zu bezeichnen, für das es bisher keinen Namen gibt. Wer es im Ganzen verstehen und anwenden will, sollte dieses Buch komplett lesen. In Kürze will ich folgende Erklärung vorweg wagen:

Das Status-Paradoxon bezeichnet einen unbewussten Vorgang bei Schüler/innen, der ihre Haltung dem Lehrer gegenüber massiv verändert, ihre rollenspezifischen Verhaltensblockaden langfristig abbaut und dadurch erfolgreiches, nachhaltiges Lernen ermöglicht. Ausgelöst wird diese positive, von Vertrauen geprägte Haltung zum Lehrer durch ein gänzlich »umgekehrtes« Statusverhalten des Lehrers bzw. der Lehrerin, das die rollenspezifisch festgefahrenen Lehrer-Schüler-Verhaltensmuster komplett durchbricht. Dieses veränderte Statusverhalten beruht auf einem bewussten Einsatz von Gesten, Mimik und Sprache und einer damit einhergehenden Fähigkeit zum situationsangemessenen Statuswechsel. Dies erfordert vom Lehrer

- eine professionelle, positive Haltung zu seinem Beruf,
- eine fundierte Kenntnis der ansonsten unbewussten Statusverhaltensweisen und
- den Mut, diese im Alltag bewusst zum Einsatz zu bringen.

Das Paradoxe am »umgekehrten« Statusverhalten liegt darin, dass der Lehrer, wenn er auf seinen gesellschaftlich definierten Hochstatus (und damit auf alle darauf basierenden Verhaltensweisen) verzichtet und den Schüler/innen stattdessen auf menschlicher Ebene im gespielten Tiefstatus begegnet, von diesen im absoluten Hochstatus wahrgenommen wird. *Statt autoritär handeln zu müssen, wird der Lehrer für die Schüler/innen zu einer menschlichen Autorität. Wie das gelingen kann, beschreibt dieses Buch.*

Der Begriff »Status« und der spielerische Umgang mit Statusverhaltensweisen beruht im Wesentlichen auf der Lehre des Theatermachers Keith Johnstone. Die Übertragung seiner »Statuslehre« auf den Schulalltag hat bei mir zur Entdeckung des Status-Paradoxons und seiner Wirkungen geführt. Ich halte es für ein wesentliches Steuerungsinstrument in der Hand des Lehrers, das zu mehr Freude, Professionalität und Erfolg im Beruf führt. Damit können – unabhängig von allen anderen Dingen, die der Veränderung harren – schon die Lehrer/innen selbst einen wesentlichen Beitrag zu einer qualitativ besseren Schule leisten.

1.3 Promi-Statusanalyse

Im Folgenden einige prominente Beispiele von unbewusstem und bewusst eingesetztem Statusverhalten – zur Veranschaulichung des bisher Gesagten und als Übung, Menschen und Situationen unter Statusgesichtspunkten wahrzunehmen.

Horst Seehofer

Der bayerische Ministerpräsident Horst Seehofer steht am 20.9.2009 bei einer Wahlkampf-Veranstaltung mit ernstem Gesicht auf der Bühne.

Die Körpersprache des bayerischen Ministerpräsidenten drückt auf diesem Foto sowohl Ablehnung als auch Unsicherheit (Tiefstatus) aus. Die vor dem Körper gehaltenen Arme sind ein Schutzschild: Seehofer schottet seinen privaten Raum gegenüber anderen ab. Er lässt seine Präsenz nicht in den Raum anderer »fließen«, wie es bei Hochstatusgesten der Fall wäre. Er breitet sich nicht im Raum aus, sondern nimmt eine fast schon kauernde Haltung ein. Eine Hand im Gesicht drückt fast immer Tiefstatus aus: Auch in diesem Falle entsteht der Eindruck von Unschlüssigkeit und Skepsis. Die leicht gerunzelte Stirn ist ein klares Zeichen von Ablehnung – so sieht ein Mensch aus, der einen Angriff erwartet.

→ *innere Haltung tief – äußere Haltung tief*[1]

---

1 Zur inneren und äußeren Haltung siehe S. 57.

Angela Merkel

Bundeskanzlerin Angela Merkel begrüßt am 6.9.2009 in Düsseldorf beim Wahlkampfauftakt der CDU ihre Anhänger.

Im Allgemeinen vermittelt die Kanzlerin durch ihre Körpersprache in der Öffentlichkeit: »Ich möchte sachlich und neutral wahrgenommen werden.« Offenbar vermeidet sie deutliche nonverbale Gesten. Sie ist keine Statusspielerin, die sich bewusst inszeniert. Dadurch wirkt sie oft etwas steif, manchmal unbeholfen. Aber sie lässt sich auch zu plötzlichen, spontanen Gesten hinreißen, die durch ihre Unbewusstheit menschlich und dadurch sympathisch wirken – wie auf diesem Foto: Die asymmetrische Körperhaltung und der freundliche Gesichtsausdruck sind Tiefstatusgesten. Es entsteht ein privater Eindruck. Dadurch wirkt die Kanzlerin herzlich, verliert aber an Status (Hochstatusgesten bewirken Respekt und Distanz, Tiefstatusgesten Sympathie und Nähe). Im Gegensatz zu vielen anderen öffentlichen Personen scheint Angela Merkel auf den bewussten Einsatz von Statusgesten zu verzichten. Insgesamt entsteht folgender Eindruck:

→ *innere Haltung tief – äußere Haltung tief*

Mahmud Ahmadinedschad

Der ehemalige iranische Präsident Mahmud Ahmadinedschad grüßt am 14.6.2009 Zehntausende von Anhängern in Teheran, die seine Wiederwahl zum Präsidenten feiern.

Der iranische Ex-Präsident präsentiert sich hier mit einer Heilsbringer-(Hochstatus)-Geste. Die gen Himmel ausgestreckten Arme signalisieren: Ich kann mich ganz ungeschützt präsentieren. Ich vertraue voll und ganz darauf, dass mich niemand angreifen wird, denn ich stehe unter dem Schutz Gottes/Allahs. Ich bin ein unbestreitbarer Sieger. Das Besondere an dieser Haltung ist die Ausrichtung der gestreckten Arme zum Himmel, die eine Verbindung zum Ganzen, zum Universum nahelegen soll. Diese Geste bringt zum Ausdruck, dass Ahmadinedschad sich nicht nur von seinem Volk, sondern auch von Gott/Allah berufen fühlt zu herrschen. Sie symbolisiert absoluten Hochstatus.

→ *innere Haltung hoch – äußere Haltung hoch*

Dalai Lama

Der Dalai Lama applaudiert auf dem Weltjugendforum, das 2008 anlässlich des 25. Jahrestags der Verleihung des Friedensnobelpreises an Lech Walesa in Danzig stattfand, Shirin Ebadi, der ersten muslimischen Frau, die den Friedensnobelpreis erhielt (rechts im Bild).

Der Dalai Lama nimmt hier eine deutliche Tiefstatusgeste ein: Der Kopf ist gesenkt, die Körperhaltung kauernd und asymmetrisch. In dieser Haltung blickt er »demütig« zu Shirin Ebadi auf und nimmt ihr gegenüber absoluten Tiefstatus ein. Seine Hände hebt er nur ein wenig – so als stünde ihm noch nicht einmal das Anheben der Hände zu – wie zum Anbeten, um seinem Gegenüber zu applaudieren. Der Dalai Lama beansprucht den wenigstmöglichen Raum, um diesen vollständig Ebadi zu überlassen. Dies ist eine typische »Diener-Herrscher«-Geste: Der Dalai Lama macht sich ganz klein, um sein Gegenüber noch größer zu machen.

Auffällig ist, dass es vom Dalai Lama fast nur Fotos gibt, in denen er Tiefstatusgesten einnimmt. Sehr oft hat er die Hände vor dem oder im Gesicht, senkt den Kopf schräg zur Seite oder schneidet sogar Grimassen, die ihn auf humorvolle Weise im Status herabsetzen. Er lächelt viel und ist im Ganzen ein versierter Tiefstatusspieler. Wenn man dies in Beziehung zu seinem Einfluss in der Welt setzt, wird deutlich, dass wir es hier mit einem Statusspieler zu tun haben, der aus einer sehr hohen inneren Haltung heraus nach außen hin stets demütig auftritt.

Hier wird das Phänomen des Status-Paradoxons besonders deutlich: Der innere Hochstatus, der es dem Dalai Lama ermöglicht, anderen Menschen gegenüber bewusst und gezielt in den Tiefstatus zu gehen, erhöht seine menschliche Autorität und damit seinen Status anderen Menschen gegenüber. Offenbar hat nur der, der anderen Menschen großzügig Raum, Anerkennung und Aufmerksamkeit überlassen kann, selbst genug davon.

→ *innere Haltung hoch – äußere Haltung tief*

Queen Elizabeth II.

Die britische Königin hält am 21.10.2008 auf einem Staatsbankett anlässlich ihres ersten Besuchs in Slowenien eine Ansprache.

Der Hochstatus von Queen Elizabeth II. ist ausschließlich gesellschaftlich definiert. Ihre Funktion ist es nicht (mehr), ein Land zu beherrschen, sondern dieses gesellschaftlich zu repräsentieren. Ihr Einfluss in der Welt ist nicht mehr auf aktuelle politische Macht gegründet, sondern nur noch auf die äußere Repräsentation eines historischen, vergangenen Machtanspruchs. Daher ist dieser rein äußerliche, gesellschaftliche Hochstatus die eigentliche Rechtfertigung für ihre Position als Königin – die Demonstration von gesellschaftlichem Hochstatusverhalten ist ihr »Job«. Sie *muss* Respekt und Distanz zum Volk darstellen, weil der nach außen zur Schau getragene Hochstatus das Einzige ist, was ihre Rolle als Königin noch rechtfertigt. Jeder ihrer öffentlichen Auftritte ist daher eine genaue Choreografie von gesellschaftlichen Hochstatusgesten.

Die größte Bedrohung ihrer Position stellte Prinzessin Diana dar, weil diese auf gesellschaftliche Hochstatusgesten und die dadurch erzielte Distanz zum Volk verzichtete und sich stattdessen menschlich (im Tiefstatus) zeigte. Auf vielen Fotos sieht man Diana beispielsweise mit schräg nach unten geneigtem Kopf, von unten nach oben aufschauend und schüchtern lächelnd. Diana hielt die gesellschaftliche Choreografie königlicher Hochstatusgesten und Verhaltensweisen nicht ein, was zu Verlust an Status und Distanz beim Volk und damit gleichzeitig zu einem Gewinn an Sympathie führte. Damit wurde sie zur akuten Bedrohung für die gesamte königliche Familie, denn ihr Tiefstatusverhalten warf die Frage auf: Wenn die Prinzessin genauso menschlich ist wie das Volk, warum ist sie dann eigentlich eine Prinzessin?

Aus diesem Grund kann sich die Königin Tiefstatusgesten in der Öffentlichkeit nur sehr begrenzt leisten.

→ *innere Haltung hoch – äußere Haltung hoch*

Wladimir Putin

Wladimir Putin am 13.8.2007, russischer Präsident, mit nacktem Oberkörper beim Angeln.

Hier haben wir es mit einer bewussten Inszenierung zu tun. Eigentlich verliert ein Präsident, der auf öffentlichen Fotos mit nacktem, weißem Oberkörper zu sehen ist, an Status, weil er sich auf diese Weise »menschlich« macht und mit dem »normalen« Durchschnittsbürger auf eine Stufe stellt. Denn dieser könnte denken: »Der Putin ist ja ein echter Naturbursche, so wie du und ich.« Dadurch wäre Sympathie gewonnen, Respekt allerdings verloren. Darüber hinaus ist ein auf diese Weise privat wirkendes Foto auch immer eine Gefahr, sich der Lächerlichkeit preiszugeben.

In Deutschland wäre ein Politiker oder gar Präsident, der sich mit freiem Oberkörper beim Angeln in Macho-Pose ablichten lässt, eher Anlass zur Heiterkeit. Nicht so in diesem Fall, zumindest nicht in Russland. Offenbar kennt Putin das russische Volk genau und weiß, dass er in seinem Land mit zur Schau gestellter Männlichkeit in der freien Natur an Status gewinnt. Dies zeigt, dass die Gender-Frage in Russland noch deutlich anders verhandelt wird als bei uns: Putin kann davon ausgehen, dass sein Zurschaustellen viriler Männlichkeit inmitten der »Mutter Natur« in den Augen seiner Landsleute zu einem Statusgewinn führt. Denn offenbar lösen solche Inszenierungen in Russland andere Assoziationen aus als bei uns: Putin wird als Symbol kraftvoller Männlichkeit gesehen und gewinnt dadurch an Status.

Beabsichtigt und wohl auch erreicht wird folgende Botschaft: »Dieser Mann kann hart zupacken. Er ist kein intellektueller, verweichlichter ›Schnöselpolitiker‹, der den Kontakt zum Volk verloren hat. Putin sitzt nicht bei Hummer und Kaviar in seinem Elfenbeinturm, sondern ist sich nicht zu schade, seinen Fisch noch selbst zu angeln.« Obwohl er durch solche Bilder bewusst den »privaten Putin« inszeniert und dadurch an Sympathie gewinnt, wird Putins gesellschaftlicher Hochstatus dadurch in keinster Weise gemindert. Insofern handelt es sich hier um eine Hochstatusinszenierung mit Mitteln eines vermeintlichen Tiefstatus.

→ *innere Haltung hoch – äußere Haltung (vermeintlich) tief*

Charlie Chaplin als »Der große Diktator«

Szene aus dem Spielfilm »Der große Diktator« (USA 1940) mit Charlie Chaplin (links) und Jack Oakie (zweiter von rechts).

Zwei Herrscher begegnen sich und kämpfen ununterbrochen um den höheren Status. In Chaplins berühmtem Film »Der große Diktator« wird das Statusgerangel zweier Hochstatusspieler in satirischer Weise überhöht und lächerlich gemacht: Bei der Begegnung zwischen Hitler und Mussolini im Film geht es in keinster Weise um Inhalte oder gar Verständigung, sondern ausschließlich darum, »die Hosen anhat«.

Schon die Vorbereitung auf den Besuch Mussolinis ist gekennzeichnet von dem unbedingten Willen Hitlers, den Konkurrenten zu demütigen und im Status herabzusetzen. So soll Mussolini einen absurd langen Weg durch einen leeren Raum beschreiten, um zu Hitler zu gelangen, der an einem wuchtigen Schreibtisch »thront«. Mussolini aber durchschaut die vorbereitete Demütigung und erscheint unerwartet durch eine hintere Seitentür. Für einen Moment beherrscht also Mussolini den Raum, was Hitler sofort zum Gegenschlag veranlasst, und so setzt sich das Statusgerangel fort und gipfelt in der berühmten, hier abgebildeten Friseurstuhl-Szene: Hitler möchte, dass Mussolini beim Gespräch zu ihm aufschauen muss. Dasselbe aber will auch Mussolini. Daher drehen beide abwechselnd ihren Friseurstuhl immer weiter in die Höhe.

Dies ist eine witzige Versinnbildlichung dessen, was psychologisch bei einem Statusgerangel passiert: Jeder will höher sein als der andere und setzt unerbittlich immer »noch einen drauf«. Offensichtlich ist in einer solchen Situation, dass eine konstruktive Kommunikation vollkommen auf der Strecke bleibt, da es beiden nur um ihre Position geht, nicht aber um Verständigung.

→ *innere Haltung tief – äußere Haltung hoch*

Brandts Kniefall in Warschau

Am 7. Dezember 1970 kniet Bundeskanzler Willy Brandt vor dem Ehrenmal in Warschau nieder, das den Helden des Ghetto-Aufstands von 1943 gewidmet ist.

Diese Geste der Demut aus gesellschaftlichem Hochstatus heraus ist weltberühmt und zu einem politischen Symbol geworden. Willy Brandt, der wie nur wenige deutsche Politiker sowohl gesellschaftlichen als auch natürlichen Hochstatus verkörperte, fällt bei seinem Staatsbesuch in Polen in aller Öffentlichkeit auf die Knie, was überall auf der Welt als demütiges Eingeständnis deutscher Schuld verstanden wurde.

Der Kniefall ist eine unmissverständliche Tiefstatusgeste mit großer Wirkung. Dabei darf allerdings nicht vergessen werden, dass dieser Kniefall nur deshalb »funktionierte«, weil Willy Brandt als absolute Hochstatuspersönlichkeit wahrgenommen wurde. Nur charismatische Menschen mit deutlichem inneren Hochstatus können es sich erlauben, eine solch dramatische Tiefstatusgeste in der Öffentlichkeit einzusetzen. Denn die Gefahr, dabei lächerlich zu wirken, ist groß.

Grundsätzlich gilt: Je höher der innere und äußere (gesellschaftliche) Status, desto wirkungsvoller sind Tiefstatusgesten. Ein unsicherer Mensch mit geringem gesellschaftlichem Status, der sich auffälliger Tiefstatusgesten bedient, gibt sich der Lächerlichkeit preis und wird im besten Falle bemitleidet. Man könnte folgende Formel aufstellen: So hoch wie der innere Status ist, so tief kann man nach außen spielen, ohne dabei an Status zu verlieren. Wer sehr hoch ist, kann sehr tief spielen und dabei eine große Wirkung erzielen. Aber leider sind wir nicht alle Willy Brandt.

→ *innere Haltung hoch – äußere Haltung tief*

Obama auf den Stufen der US-Botschaft in Paris

Barack Obama sitzt am 7.6.2009 auf den Stufen der US-Botschaft in Paris.

Obama ist ein versierter Statuswechsler, der nichts dem Zufall überlässt. Auf diesem Foto inszeniert er sich im Tiefstatus, indem er sich bewusst leger auf den Stufen einer Treppe präsentiert und im Gespräch zu seinen Beratern aufschaut. Seine Haltung ähnelt der eines Studenten im Gespräch mit Kommilitonen, wie in der Pause zwischen zwei Vorlesungen. Man könnte an einen Schnappschuss glauben. Selbstverständlich ist dies nicht der Fall. Das Foto wurde absichtlich so inszeniert und bewusst veröffentlicht.

Aber welche Botschaft will dieses Foto vermitteln? Als amtierender US-Präsident verfügt Obama über den höchstmöglichen gesellschaftlichen Status. Im Gegensatz zur britischen Königin aber muss er nicht an einer Choreografie gesellschaftlicher Hochstatusgesten festhalten, weil er über tatsächliche Macht verfügt. Respekt und Distanz sind ihm sicher, allein schon durch sein Amt.

Gesellschaftlicher Hochstatus paart sich bei Obama mit einer charismatischen Persönlichkeit (also innerem Hochstatus). Selbst wenn er nicht Präsident wäre, würde er von anderen im Hochstatus wahrgenommen. Daher kann er es sich leisten, öffentlich in den Tiefstatus zu gehen. Dies tut er – im Übrigen wie Willy Brandt – ganz bewusst, um eine politische Botschaft zu vermitteln, nämlich die der Demokratie: »Ich höre euch zu. Alle haben denselben Respekt, dieselbe Anerkennung verdient. Ich erhebe mich nicht über andere. Amerika hat nicht unbedingt recht. Ich bin auf Verständigung aus.« Da sein innerer Status ebenso hoch ist wie sein äußerer, bringen ihm Tiefstatusgesten einen weiteren Statusgewinn.

→ *innere Haltung hoch – äußere Haltung tief*

Ein Gedanke zum Schluss: Wenn wir davon ausgehen, dass Tiefstatusgesten grundsätzlich nur dann zu einem Statusgewinn führen, wenn innerer und äußerer Status entsprechend hoch sind, ist die Frage interessant, welcher aktuelle (weibliche oder männliche) Politiker sich heutzutage Tiefstatusgesten dieser Art in der Öffentlichkeit erlauben kann.

2 Die innere Haltung

2.1 Der Lehrer als Opfer oder als Profi?

Wer sich heutzutage für den Lehrerberuf entscheidet, weil er glaubt, er habe dann nachmittags frei und viel Ferien, wird wahrscheinlich nicht glücklich in diesem Beruf. Denn selbst bei Menschen, die gerne Lehrerhäme betreiben (»Lehrer sind faule Säcke«, »Lehrer haben vormittags recht und nachmittags frei« u.Ä.), hat sich inzwischen herumgesprochen, dass sich der Arbeitsalltag eines Lehrers doch etwas umfangreicher gestaltet.

Aber selbst bei denjenigen Lehrer/innen, die ihren Beruf mit Freude und Elan ergriffen haben, die gerne Kinder und Jugendliche unterrichten und bereit sind, ihre ganze Energie in ihre Arbeit zu investieren, kommt es oft zu Frustration, Müdigkeit, Depression und/oder Burnout. Dafür gibt es eine Vielzahl an Gründen:

- Überlastung durch immer mehr Tätigkeiten außerhalb des eigentlichen Unterrichts (insbesondere Verwaltungstätigkeiten, Statistik, Evaluation, Verfassen von Berichten u.Ä.) und dadurch immer weniger Zeit für die direkte pädagogische Arbeit mit den Jugendlichen »von Mensch zu Mensch«;
- Versagensängste;
- Überforderung im Umgang mit verhaltensauffälligen Schüler/innen (Beleidigungen, ständige Kämpfe um Autorität, mangelnder Rückhalt im Kollegium);
- Isolation im Lehrerzimmer durch mangelnde Teamtradition (jeder arbeitet als Einzelkämpfer vor sich hin);
- mangelnde Kommunikation im Kollegium, Fehlen von professioneller Supervision;
- mangelnde öffentliche Anerkennung;
- das Gefühl, dem System ohnmächtig ausgeliefert zu sein – nicht selbst gestalten zu können, keine Einflussmöglichkeiten zu ha-

ben, jede neue Anweisung hilflos ausführen zu müssen, keine Eigenverantwortung übernehmen zu können.

All das kommt im Arbeitsalltag eines Lehrers mehr oder weniger vor. Und noch viel zu wenig Schulen haben sich auf die Veränderungen unserer Gesellschaft eingestellt und sind im Sinne von Reinhard Kahl (2004) »Orte von ansteckender Gesundheit« geworden, an denen alle Beteiligten Lernen als »Vorfreude auf sich selbst« begreifen.

Aber darüber zu klagen, dass die Bedingungen an vielen Schulen noch weit von optimalen Zuständen entfernt sind, und sich selbst zu bemitleiden macht keinen Lehrer zufriedener. Das Gegenteil ist der Fall: Sich selbst als Opfer widriger Umstände zu empfinden und zu resignieren bedeutet, den direkten Weg in die Krankheit einzuschlagen. Vor allem aber wirkt Selbstmitleid wie eine Blockade: Es macht handlungsunfähig. Das Gefühl, dem Schulsystem ohnmächtig ausgeliefert zu sein, ist der erste Schritt in die Depression. Sich diesem Gedanken hinzugeben bedeutet, sich selbst aufzugeben. Niemandem ist damit geholfen. Zu keinem Zeitpunkt ist »alles zu spät«, und gerade ein Lehrer hat eine Vielzahl an Möglichkeiten, Dinge zu ändern.

Damit seien keinesfalls schlechte Bedingungen an Schulen entschuldigt oder verantwortliche Politiker oder Schulbeamte entlastet. Nur nützt es dem einzelnen Lehrer nichts, in Wut und Frustration über die Fehler anderer Menschen und daraus resultierende ungerechte Zustände zu geraten. Natürlich kann er diese Wut auch in politische Aktionen kanalisieren und dadurch die eine oder andere Verbesserung bewirken. Erfahrungsgemäß dauern solche Prozesse aber sehr lange, und es ist wichtig, dass man auch »unterwegs« gesund und handlungsfähig bleibt.

Von meinen Hauptschülern in Neukölln habe ich diesbezüglich einiges gelernt: »Du Opfer!« ist dort – und inzwischen an vielen deutschen Schulen – eine gängige Beleidigung. Dahinter steckt die (Ghetto-)Lebenseinstellung: »Wer nicht klarkommt und jammert, ist selbst schuld. Das Leben ist hart. Man muss sich durchkämpfen.« Wer sich beschwert, wird mit Sätzen wie »Heul doch!« konfrontiert. Jeder muss selbst sehen, wo er bleibt. Insbesondere mit Blick auf unsere Sozialisation der Toleranz ist das schwer zu ertragen und durchaus kritikwürdig. Dennoch hat es mir den Blick geschärft für das Thema Selbstmitleid und Opferhaltung.

Schon als Kind haben wir, wenn wir beim Laufen gestürzt waren und uns das Knie aufgeschlagen hatten, erst einmal geguckt, ob ein Erwachsener in der Nähe war, der zum Trösten herbeieilen konnte. Dann haben wir laut Rotz und Wasser geheult. War aber keiner da, der das Malheur gesehen hatte, hat man sich zusammengerissen, ist aufgestanden und weitergelaufen. Denn es war klar: Heulen bringt ja jetzt nix.

Wenn wir uns als Lehrer/in selbst bemitleiden, kommt sowieso keiner und tröstet uns. Selbst wenn wir absolut im Recht sind: Eine Aufzählung all unserer Probleme und Missstände an der Schule interessiert niemanden. Unser Ärger darüber führt nur zum Magengeschwür. Statt uns zu ärgern, können wir aber auch etwas anderes tun: Wir können uns sagen, dass wir Helden des Alltags sind. Dass wir eine Menge mit Film-Helden/innen wie Jack Bauer in der Serie »24« oder Carrie Mathison gemeinsam haben, die sich niemals unterkriegen lassen und die Welt im Namen des Guten retten. Auch wir werden in Krisengebiete geschickt und müssen dort jeden Tag neu unter unmöglichsten Umständen überleben und »die Welt retten«.

Diese pathetisch klingende Bezeichnung trifft insofern zu, als wir ganz direkt einen Teil der Verantwortung für die Zukunft übernehmen – indem wir versuchen, die Erwachsenen von morgen ein Stück weit zu begleiten und ihnen Vorbild zu sein. Vorbild nicht im Sinne von Perfektion, sondern von gelebter Menschlichkeit: Wie gehen wir mit Problemen um, wie entscheiden wir in Konfliktsituationen, wie verhalten wir uns in Augenblicken der Schwäche? Wenn wir unseren Job gut machen, können wir es schaffen, dass später mal jemand sagt: »Ich hatte damals einen tollen Lehrer (bzw.

eine tolle Lehrerin). Diesem Lehrer habe ich zu verdanken, dass ich heute … bin. Dieser Lehrer ist für mich eine Orientierung im Leben gewesen.«

Fast jeder Mensch, den man danach fragt, kann mindestens eine solche Person in seinem Leben nennen, die für ihn im positiven Sinne prägend gewesen ist. Meistens sind es Lehrer – und das trotz aller Lehrerschelte. Es mag viele »schlechte« Lehrer/innen geben, aber offenbar gibt es immer auch den einen, der positiv im Gedächtnis bleibt. Wir können versuchen, genau dieser Lehrer zu sein. Der Gedanke, für den einen oder anderen Jugendlichen der Auslöser für eine positive Entwicklung im Leben, für einen klareren, selbstbestimmteren und damit glücklicheren Lebensweg sein zu können, macht deutlich bessere Laune als all die Gedanken an die Mühen des Alltags.

Es ist vielleicht lächerlich, eine solche »Film-Helden-Mission« im Hinterkopf zu haben, aber sie ist ein wirksames Mittel gegen Selbstmitleid. Wir können uns hinsetzen und heulen. Wir können aber auch aufstehen und versuchen, uns wie ein Profi zu verhalten. Schon ein einziges Kind, das durch uns ein glücklicherer Erwachsener wird, rechtfertigt diesen Gedanken.

Vor allem aber ist dies eine professionellere Haltung zu unserem Job. Dass das (Arbeits-)Leben ungerecht ist, ist keine Neuigkeit. Und es betrifft nicht nur Lehrer/innen. Keiner von den Menschen, die wir bewundern oder die auf bemerkenswerte Weise in der Geschichte hervorgetreten sind, hatte gerechtere oder bessere Bedingungen als wir – ganz im Gegenteil. Es ist unsere eigene Haltung zu einem allseits schwierigen Leben, die uns zu einem Opfer oder zu einem Profi macht.

Vor allem aber sollte uns überzeugen, dass das Ziel, ein Profi zu sein, allemal mehr motiviert und bessere Laune macht, als sich immer wieder vor Augen zu führen, was alles an unserem Beruf beschwerlich ist. Wenn wir richtig gut werden wollen, dürfen wir uns durch die üblichen Katastrophen und Mühen des Alltags nicht unterkriegen lassen: fallen, aufstehen, weitermachen. Oder, um es mit Erich Kästner zu sagen:

> *»Es gibt nichts Gutes. –*
> *Außer: Man tut es.«*

2.2 Der Lehrer als Gestalter von Wirklichkeit

Auch wenn wir es im alltäglichen Schulleben oft vergessen: Der Lehrer gestaltet jeden Tag Wirklichkeit. Ob er sich so oder anders verhält, macht einen großen Unterschied. Alles, was ein Lehrer tut, hinterlässt bei den Schüler/innen einen Eindruck: wie er geht, wie er spricht, was er sagt, worüber er lacht, wann er wütend wird – sogar welche Kleidung er trägt. Es ist sinnvoll, sich für die vielen kleinen eigenen Verhaltensweisen zu sensibilisieren und Stück für Stück zu erforschen, welche Wirkung unser Verhalten im Alltag hat. Denn dann können wir es zunehmend besser steuern und professioneller handeln.

Nach einem Schultag tritt man den Heimweg an: entweder mit einem guten Gefühl oder mit einem beklommenen, niedergeschlagenen, verwirrten, verunsicherten oder ähnlichen Gefühl. Für jeden Gefühlszustand gibt es Ursachen. Oft passieren so viele Dinge an einem einzigen Schultag, dass man gar nicht mehr genau zuordnen kann, woher der eigene Gefühlszustand am Ende des Tages rührt. Wir haben den größten Streit, den unfreundlichsten Kollegen, die schwierigste Unterrichtssituation im Kopf. Viele andere Augenblicke sind aber in den Hintergrund getreten. Meistens kreisen unsere Gedanken um irgendetwas, das uns unangenehm war. Die Gefahr besteht darin, sich gedanklich ewig mit einer Situation aufzuhalten, die wir jetzt ohnehin nicht mehr ändern können.

Professioneller und vor allem konstruktiver ist es, solche nutzlosen Gedankenschleifen ganz bewusst zu stoppen und sich zu zwingen, sich an positive Situationen zu erinnern, und seien sie noch so klein oder scheinbar unbedeutend. Es kann gar nicht sein, dass an einem Tag überhaupt nichts Gutes passiert ist. Also lohnt es sich, seine Gedanken zu kontrollieren und sich anzustrengen, das Positive zu finden. Es lohnt sich, darüber nachzudenken, warum etwas gut war. Denn dann kann man es wiederholen bzw. bewusst »weiter ausbauen«. Wir können aus einem gelungenen Augenblick den Startpunkt zu einer kleinen Geschichte des Gelingens machen, indem wir etwas bewusst weiterverfolgen.

Nichts ist im Schulalltag festgeschrieben. Regeln gelten nur so lange, bis sie durch neue, bessere Regeln ersetzt werden. Vorschriften sind dazu da, gebrochen zu werden und sinnvollere aufzustellen. Wie Unterricht gelingt, das wissen Sie als Profi auf diesem Gebiet am besten. Erscheint Ihnen etwas unsinnig, dann lassen Sie es bleiben. Wenn Ihnen etwas Neues einfällt, probieren Sie es aus.

In der Lehrerausbildung haben wir gelernt, Fehler zu vermeiden. Wir haben verinnerlicht, dass Fehler etwas Unangenehmes sind, und arbeiten ununterbrochen mit der Furcht im Nacken, irgendetwas könnte schiefgehen. Das ist eine der fatalsten Entwicklungen in der Lehrerausbildung. Das Referendariat für Lehrer ist das Gegenteil eines kreativen Versuchslabors. Eigentlich sollte es aber genau das sein.

Zwar wird suggeriert, man solle sich in dieser Zeit »ausprobieren«. Die Wirklichkeit sieht dann aber anders aus: Nach jedem »Unterrichtsbesuch« werden von Seminarleitern und Referendarskollegen minutiös die »Fehler« abgegrast. Dadurch entsteht eine Fokussierung auf alles, was nicht ist, wie es sein soll. Beim nächsten Unterrichtsbesuch versucht der Referendar zwanghaft, vermeintliche Fehler zu vermeiden. Dadurch wird sein Unterricht immer »abgezirkelter«, vorherbestimmter, konstruierter – und schlechter. Und Lehrproben sind dann häufig im Vorhinein abgesprochene Zirkuskunststückchen, bei denen sich alle Beteiligten – auch die Schüler/innen! – komplett unnatürlich verhalten.

Wer zwanghaft versucht, alles perfekt zu machen, indem er alle Fehler vermeidet, hat in erster Linie genau diese Fehler im Kopf, statt seine Aufmerksamkeit auf das zu richten, was tatsächlich geschieht. Das ist in etwa so, wie jemandem zu sagen: Denk jetzt auf keinen Fall an ein grünes Nashorn! (= Mach auf keinen Fall wieder diesen oder jenen Fehler!). Wie Unterricht wirklich gelingt, kann man nur durch »trial and error« lernen. Erst wenn tatsächliches Sich-Ausprobieren erlaubt ist, kann ein Lehrer überhaupt die notwendige Sensibilität für guten Unterricht ausbilden. Dafür braucht er (Selbst-)Vertrauen.

In meinem Referendariat wurden mir beispielsweise zwei große »Fehler« vorgeworfen. Der eine war eine »zu große Nähe zu den Schülern«, der andere ein »mangelndes Zeitmanagement«. Ersteres bezog sich darauf, dass ich teilweise Schülerausdrücke und umgangssprachliche Wendungen benutzte. Ich wurde aufgefordert, mich durch meine Sprache deutlich von den Schülern abzugrenzen. Der zweite »Fehler« bezog sich darauf, dass ich mich weigerte, eine Zeittabelle für einen Stundenentwurf nach folgendem Muster zu erstellen: »2 Minuten Einstimmung, 1 Minute Impuls, 8 Minuten Einführung, 13 Minuten Erarbeitungsphase …«. Ich argumentierte, dass die kritisierte »Nähe zu den Schülern« im Ergebnis dazu führte, dass sie wesentlich motivierter arbeiteten, und dass ich es für falsch hielte, sie in ein so enges Zeitkorsett zu pressen. Dabei gehe doch jegliche Spontaneität verloren und viele gute Schülerbeiträge blieben unbeachtet.

Meine Ausbilder sahen das anders. Eigene Ansichten zum Thema Unterricht waren nicht erwünscht. Stattdessen wurde mir das Gefühl vermittelt, ich sei »schwierig« im Sinne von renitent. Für eine gute oder sehr gute Note müsse ich diese »Fehler« beheben. Später stellte ich fest, dass es in der Pädagogik durchaus namhafte Stimmen gibt, die genau meine Ansicht vertraten.

Schule ist ein weiter Gestaltungsraum, in dem jede Lehrerpersönlichkeit einen wichtigen und notwendigen Baustein darstellt. Was für den einen Lehrer gilt, muss noch lange nicht für einen anderen gelten. Sich über verschiedene Ansichten und Erfahrungswerte auszutauschen würde die Perspektive und das Bewusstsein für erfolgreichen Unterricht schärfen, wohingegen ein ängstliches Vermeiden von Fehlern die Sicht auf das komplexe Feld Unterricht stark einschränkt. Um ein guter Lehrer zu sein, ist es auch weniger entscheidend, nach welchem Modell oder Konzept man unterrichtet. Viel wichtiger ist, mit welcher inneren Haltung wir an unsere berufliche Aufgabe herangehen und was uns als Lehrerpersönlichkeit ausmacht:

- Haben wir Freude daran, Jugendliche zu unterrichten, uns mit ihnen auszutauschen, den Großteil des Tages mit ihnen zu verbringen?
- Interessieren wir uns für die Schüler/innen? Bringen wir ihnen Wertschätzung entgegen?
- Sind wir uns im Klaren darüber, was wir tun und warum wir es tun?
- Haben wir Lust auf unseren Beruf und darauf, uns immer weiter zu verbessern – als Lehrer und nicht zuletzt auch als Mensch?

Ein guter Pädagoge zu werden bedeutet lebenslange Arbeit an sich selbst. Es bedeutet lebenslanges Beobachten und Gestalten des Lebens. Jeden Tag passiert etwas Neues, das uns Aufschluss darüber gibt, welche Wirkung unser Handeln hatte. Es gibt keine »Fehler«, denn Fehler sind in Wirklichkeit Umwege. Und Umwege erhöhen die Ortskenntnis – machen uns also professioneller.

Lehrer/innen sind nicht »Ausführende« von fremden Konzepten. Lehrer/innen gestalten die Beziehungen zu ihren Schüler/innen, sie gestalten den Weg, den sie mit den Jugendlichen gehen, und was unterwegs passiert. Je individueller und mutiger Sie Ihre berufliche Aufgabe gestalten, desto besser. Lehrer sind weder Opfer noch »faule Säcke« noch langweilige Beamte. Lehrer sind Künstler des Lebens.

2.3 Der Lehrer als Statuswechsler

Was ist Status? Stellen Sie sich einen König und seinen Diener auf der Bühne vor. Der König ist aufgrund seiner (gesellschaftlich definierten) Position als König im Hochstatus; der Diener – ebenfalls aufgrund seiner (gesellschaftlich untergeordneten) Position – im Tiefstatus. Dies ist nicht nur an den Kostümen erkennbar! Viel deutlicher wird uns der Status der beiden Figuren anhand ihrer Körperhaltung, ihrer Gesten, ihrer Bewegungen im Raum …

Selbst wenn beide Spieler nicht durch Kostüme in ihren Rollen als König und Diener erkennbar wären, würden wir anhand ihres Spiels sofort erkennen, welche Figur Hoch- und welche Tiefstatus hat. Wir wüssten sofort, wer der Diener ist und wer der König. Der König führt beispielsweise nur wenige, langsame Bewegungen aus und beherrscht den Raum. Der Diener »hibbelt« im Gegensatz dazu um den König herum, führt viele kleine, hektische Bewegungen aus, erweckt den Eindruck, dass er eigentlich nirgends im Raum »sein« darf, u. Ä.

Wenn dieses König-Diener-Spiel auf der Bühne ewig so weitergeht, wird es langweilig, und der Zuschauer beginnt, sich zu wünschen, dass der Diener etwas Freches tut, dass er den Hochstatus des Königs irgendwie herabsetzt. Dann nämlich wäre die Langeweile sofort verflogen und es würde spannend – oder witzig:

> »Zuschauer genießen es, wenn ein Gegensatz besteht zwischen dem gespielten und dem sozialen Status. Wir freuen uns immer, wenn der Landstreicher für den Boss gehalten wird und der Boss für einen Landstreicher. Deswegen gibt es Stücke wie *Der Revisor.* Chaplin spielte am liebsten denjenigen, der ganz unten steht in der Rangordnung, um dann alle herabzusetzen.« (Johnstone 2002, S. 57)

Die Komik von Charlie Chaplin beruht in fast allen seinen Filmen auf diesem Prinzip: Er startet im tiefstmöglichen Status (z. B. als

Obdachloser) und setzt dann den Status aller anderen Hochstatusfiguren herab. Und genau das liebt der Zuschauer an ihm.

Genau das liebt auch der Schüler im Klassenraum. Er will den Hochstatus des Lehrers herabsetzen, weil es ihm sonst auf die Dauer langweilig wird. Wie auf der Bühne hat ein Schüler, der den Hochstatus des Lehrers herabsetzt und sich entgegen seiner Rolle frech und selbstbewusst – oder auch ahnungslos – verhält, die Sympathie des Publikums, nämlich der Klasse, hinter sich. Er hebt seinen eigenen Status, indem er den Status des Lehrers herabsetzt.

Es ist zwecklos, diese Mechanismen zu leugnen, denn sie finden überall statt, wo Menschen in Gruppen zusammen sind. Und jeder Mensch weiß instinktiv, wann er einer anderen Person gegenüber im Hoch- oder im Tiefstatus ist. Sie brauchen sich nur an Ihre eigene Kindheit und Jugend zu erinnern: Welche Klassenkameraden hatten Hochstatus? Welchen Status hatten Sie selbst in Ihrer Klasse? Wem gegenüber fühlten Sie sich überlegen und wem gegenüber unterlegen?

Innerhalb der Gesellschaft ist der Status zunächst fast immer durch die Position bzw. die Rolle definiert, zum Beispiel:

Hochstatus	↔	Tiefstatus
Arzt	↔	Patient
Chef	↔	Angestellter
Anwalt	↔	Mandant
Lehrer	↔	Schüler

Diese Tabelle ließe sich sicher endlos fortsetzen. Interessant ist aber nun die Tatsache, dass man entgegen seiner gesellschaftlich definierten Rolle Hoch- oder Tiefstatus *spielen* kann. Man kann also durch verschiedene Verhaltensweisen seinen Status verändern. Dies bewirkt zwangsläufig eine Reaktion beim Gegenüber. Das heißt: Wenn Sie ganz bewusst einen bestimmten Status spielen, können

Sie die Situation steuern, denn jedes Verhalten Ihrerseits bewirkt ein ganz bestimmtes (vorhersehbares) Verhalten bei Ihrem Gegenüber.

Wenn Sie sich bewusst machen, welche Verhaltensweisen den Eindruck von Hochstatus erzeugen, können Sie diese bewusst einsetzen und dadurch Ihren Status beispielsweise heben. Auch hierfür gibt es ein anschauliches Beispiel aus dem Fach der Komik:

Mr. Bean geht zum Zahnarzt

Der Zahnarzt ist aufgrund seiner gesellschaftlich definierten Rolle im Hochstatus. Der Patient (Mr. Bean) muss im Wartezimmer warten. Hier schon das erste Prinzip: Wer im Hochstatus ist, bestimmt die Zeit aller tiefer gestellten Personen (wie auch beim Arbeitsamt, beim Vorstellungsgespräch ...). Die Person im tieferen Status kann nicht selbst bestimmen, wann sie etwas tut.

Dann wird Mr. Bean ins Behandlungszimmer gerufen und gebeten, auf dem Behandlungsstuhl Platz zu nehmen. Wieder muss er warten. Nun aber fängt Mr. Bean an, sich entgegen seinem tieferen Status zu verhalten: Statt ängstlich auf seine Zahn-OP zu warten und an die Decke zu starren, fängt er an, sich »umzuschauen«. Er inspiziert die Geräte, die vor ihm auf dem Tischchen liegen, nimmt sich einzelne Besteckteile, dreht und wendet sie in seinen Händen, steckt sie in den Mund, dreht daran herum. Er entdeckt seine Röntgenbilder, schraubt daran herum – und dann beginnt er, seine Zahn-OP selbst durchzuführen.

Mr. Bean wendet klassische Hochstatusverhaltensweisen an: Wer im Hochstatus ist, bestimmt nicht nur die Zeit, er beherrscht auch den Raum und alles, was darin ist. Er verhält sich im Raum so, als sei er dort zu Hause. Die Hochstatusrolle des Arztes wird komplett herabgesetzt. Dadurch entsteht die Komik – und das Publikum freut sich ...

Als Lehrer/in sind Sie – durch Ihre gesellschaftlich definierte Rolle – den Schüler/innen gegenüber im Hochstatus, Ihrem Schulleiter gegenüber im Tiefstatus, der Sekretärin gegenüber im Hochstatus und so weiter. Aber: Wie Sie vermutlich selbst schon oft festgestellt haben, gibt es Schüler/innen, die Ihnen gegenüber zeitweise Hochstatus einnehmen; es gibt Schulleiter, die von ihrem Kollegium nicht ernst genommen werden und ständig im Tiefstatus herumlavieren; es gibt vielleicht Sekretärinnen, vor denen Sie Angst haben, weil Sie merken, dass diese Frau Ihnen gegenüber im Hochstatus ist – und Sie stehen vor ihr und stottern herum.

Instinktiv haben wir ein sehr genaues Gespür für Status. Aber wir können die »Spielregeln« dieses Prinzips nicht bewusst für uns nutzen, weil wir sie nicht kennen. Deshalb müssen wir Schauspieler werden, denn gute Schauspieler/innen sind immer Statusexperten. Sie wissen genau, welche Bewegungen, Gesten, Verhaltensweisen welchen Status erzeugen, und können dies bewusst einsetzen. Beim Theater ist das schon deshalb nötig, weil eine Szene erst dann überhaupt glaubhaft und fesselnd wird, wenn deutlich ist, wer welchen Status innehat – und seien die Statusunterschiede auch noch so klein (so groß wie zwischen Diener und König sind sie ja nur selten). Denn auch im wahren Leben gibt es keine einzige Situation, in der nicht instinktiv der Status der Beteiligten empfunden wird.

Der Zuschauer empfindet Status instinktiv. Der Schauspieler stellt Statuskonstrukte ganz bewusst her, um Authentizität – oder auch Komik – auf der Bühne zu erzielen. Er setzt die »Spielregeln« bewusst ein. Auch als Lehrer/innen haben wir in unserem Beruf ununterbrochen mit Menschen zu tun. Wenn wir die »Statusspielregeln« erlernen, können wir uns den Schulalltag sehr erleichtern und in vielen Situationen selbstbestimmter und sicherer agieren.

Man kann drei Formen von Status unterscheiden:

1. den *gesellschaftlich definierten* Status (s. o.);
2. den *natürlichen* Status: Es gibt natürliche Hochstatusspieler, die auch entgegen ihrer gesellschaftlich definierten Rolle immer Hochstatus spielen, die sogenannten »Rampensäue«, und es gibt typische Tiefstatusspieler, die sich durch eine gewisse Form der Untertänigkeit jeder brenzligen Situation zu entziehen wissen, ohne sich dessen bewusst zu sein;
3. den *gespielten* Status: Dies ist die hohe Kunst, unabhängig von gesellschaftlichem oder natürlichem Status in jeder beliebigen Situation *bewusst* jeweils den Status zu spielen, der es einem

möglich macht, die Situation zu seinen eigenen Gunsten zu steuern.

In diesem Buch beschäftigen wir uns mit den Regeln von Hoch- und Tiefstatus, um zu erlernen, wie man Status *spielt*. Dazu ist es erst einmal nötig, dass wir lernen, im alltäglichen Leben gesellschaftlich definierten und natürlichen Status – und seine vielen verschiedenen Abstufungen – zu erkennen und zu unterscheiden, um darauf bewusst reagieren zu können (siehe Kapitel 3.1 auf S. 51).

Lehrer/innen sind – gesellschaftlich definiert – den Schüler/innen gegenüber im Hochstatus. Diese gesellschaftliche Verabredung wird aber heutzutage zunehmend inflationär: Schüler/innen versuchen weitaus häufiger als früher, den Hochstatus des Lehrers infrage zu stellen und herabzusetzen. Die daraus resultierenden Machtkämpfe sind auf Dauer für den Lehrer sehr anstrengend und führen erst zu Unlust, dann zu Erschöpfung und in letzter Konsequenz zu Burnout.

Lehrer/innen, die natürliche Hochstatusspieler sind (die natürlichen »Rampensäue« unter uns), können diesen Mangel an gesellschaftlich verabredeter Autorität kraft ihrer Persönlichkeit teilweise auffangen, aber auch sie brauchen zunehmend Kraft, weil die Schulsituation insgesamt komplexer und aufreibender geworden ist. Sinnvoller ist es, sich der Techniken aus der Theaterpraxis zu bedienen und den zahlreichen Konfliktsituationen des Schulalltags bewusster und damit auch professioneller zu begegnen. Solche Techniken sind z. B.:

Hochstatus	↔	Tiefstatus
langsame, ruhige Bewegungen	↔	hektische Bewegungen
wenig Bewegungen	↔	viele kleine Bewegungen
langsam sprechen	↔	schnell sprechen
ruhig sprechen	↔	zu laut oder zu leise sprechen

Hoch- und Tiefstatus im Raum	
Jemand wird im *Hochstatus* wahrgenommen, wenn er sich dem Raum gegenüber so verhält, als wäre er *zu Hause*, z. B.: • den Raum entspannt durchschreiten • aus dem Fenster gucken • Gegenstände, die im Raum sind, selbstbewusst benutzen • es sich auf den Sitzmöbeln »gemütlich machen«	Jemand wird im *Tiefstatus* wahrgenommen, wenn er sich in einem Raum wie ein *Eindringling* verhält, z. B.: • schüchterne, verzagte Bewegungen im Raum • nur auf der äußeren Stuhlkante »kauern« • möglichst wenig Raum einnehmen

Der Status, den jemand uns gegenüber einnimmt, erzeugt bei uns zwangsläufig eine Reaktion. Ganz oberflächlich betrachtet verhalten wir uns zunächst im Tiefstatus, wenn jemand uns gegenüber klar Hochstatus einnimmt. Tut er dies aber zu lange, wächst in uns der Drang, seinen Status zu senken – ebenso wie das Publikum eine Figur auf der Bühne, die sich dauerhaft im Hochstatus verhält, im Tiefstatus sehen will (z.B. den König, der von seinem Diener »herabgesetzt« wird, indem dieser etwas Unerwartetes oder Freches tut).

Wenn eine Figur im Hochstatus einer anderen begegnet, die sich ebenfalls im Hochstatus verhält, entsteht ein Kampf um den Status. Wenn keine von beiden bereit ist, ihren Status zu senken, müssen sie ihren Status abwechselnd immer weiter erhöhen, sich also gegenseitig »hochschaukeln«, und laufen dabei immer mehr Gefahr, vom anderen lächerlich gemacht zu werden (in den Tiefstatus gebracht zu werden), denn irgendwann wird einer nachgeben *müssen*. Je weiter sie sich aber gegenseitig »hochgeschraubt« haben, desto tiefer wird der Fall des Verlierers sein und desto größer seine Demütigung.

Ein solch erbittertes *Statusgerangel* kippt ab einem gewissen Zeitpunkt ins Komische bzw. Lächerliche. Deshalb verwendet man diesen Effekt so gerne auf der Bühne. Diese Komik wird in der berühmten Szene aus dem Charlie-Chaplin-Film »Der große Diktator« sehr deutlich, als der »Führer« (gespielt von Charlie Chaplin) und Mussolini beim Friseur sitzen und abwechselnd ihre Stühle immer höher schrauben, weil keiner bereit ist, seinen Status zu senken (siehe S. 23).

Das Komische an einer solchen Situation liegt in der *Tragik der gescheiterten Kommunikation.* Denn gelungene Kommunikation basiert nach Keith Johnstone auf dem Geheimnis des ständigen *Statuswechsels* beider Gesprächspartner: Stellen Sie sich im Gegensatz zum Charlie-Chaplin-Beispiel zwei gute Freunde bei einem vertraulichen Gespräch vor. Beide werden während des gesamten Gesprächs intuitiv einen gegenseitigen Statusausgleich herstellen, weil sich keiner dem anderen gegenüber erheben will. So kommt es, dass beide unaufhörlich den Status des anderen ausgleichen, indem jeder sofort seinen Status hebt oder senkt, je nachdem, was gerade gefordert ist, um die Kommunikation für beide angenehm und konstruktiv zu gestalten.

Zurück zum Lehrer: Das Tragische an unserer Ausbildung ist meiner Meinung nach, dass uns Lehrer/innen immer der Eindruck vermittelt wurde, wir müssten uns im Klassenraum ununterbrochen im Hochstatus verhalten. Das ist völlig falsch. Auf Dauer wird es immer anstrengender, Hochstatus zu halten, und wir erzeugen automatisch den Druck bei den Schüler/innen, uns in den Tiefstatus zu bringen.

Je länger wir uns dagegen wehren, unseren Status – *rechtzeitig und freiwillig!* – zu senken, desto schwieriger wird es für uns, aus dem Statuskampf mit Würde auszusteigen bzw. ihn zu gewinnen. Und desto größer wird auch die Gefahr, aus diesem Statuskampf gedemütigt herauszugehen. Denn wer sich ganz nach oben hat schrauben lassen, der wird auch tief fallen. Egal wie erfahren und souverän wir auch sein mögen – es wird immer wieder Schüler/innen geben, die es schaffen, einen Statuskampf gegen uns zu gewinnen. Geschieht dies nach einem langen Statusgerangel, fallen wir tief und verlieren an Respekt und Autorität.

Das bedeutet, dass wir *rechtzeitig* aus einem solchen Statusszenario aussteigen müssen. Und das können wir nur, indem wir bewusst einen Statuswechsel vornehmen, im oben beschriebenen Falle unseren Status senken. Hierzu ein Beispiel aus der Praxis:

Eine Schülerin verweigert ununterbrochen die Mitarbeit. Sie redet dazwischen, albert, stört. Ich weise sie mehrmals freundlich darauf hin. Dadurch wird sie zunehmend aggressiv und motzt mich an. Als ich sie das fünfte Mal auf ihr Verhalten anspreche, bekommt sie einen Wutanfall, steht auf und brüllt mich vor versammelter Mannschaft an. Dabei fallen verblüffend viele, einfallsreiche Beleidigungen.

Die anderen Schüler/innen verstummen und starren mich mit einem halb neugierigen, halb mitleidigen »Was-macht-sie-wohl-jetzt«-Gesicht an. Ich hole tief Luft, um meine instinktive Reaktion (nämlich aus meinem rollenspezifischen Lehrer-Hochstatus heraus zu reagieren) zu unterdrücken und mir eine bessere zu überlegen (*gespielter* Statuswechsel).

Ich gehe langsam auf sie zu und halte Blickkontakt. Daraufhin erhöht die Schülerin noch mal Lautstärke und Frequenz ihrer Beleidigungen. Ich zeige darauf keine Reaktion, sondern gehe nur weiter langsam auf sie zu. Sie hört nicht auf, mich zu beschimpfen.

Als ich direkt vor ihr stehe, beuge ich mich vor und flüstere ihr ins Ohr: »Sag mal, meine Süße – was ist denn bloß los mit dir heute?« Wie ein Mehlsack bricht sie augenblicklich in meinen Armen zusammen und bekommt einen Weinkrampf. Sie klammert sich an mich und schluchzt, als sei die ganze Welt zusammengebrochen.

Die anderen Schüler/innen schauen erstaunt. Die Schülerin entschuldigt sich und ist überhaupt auf Versöhnung aus. Die Atmosphäre hat sich vollkommen (zum Positiven hin) verändert.

Das Verblüffende: Ich bin wieder »Chef« – und zwar durch das Status-Paradoxon, das immer wieder geeignet ist, Konfliktsituationen im Schulalltag aufzulösen: Indem der Lehrer Tiefstatus einnimmt, erreicht er Hochstatus und stellt Autorität wieder her (siehe S. 15).

Zwei Anmerkungen zu dieser Situation:

- Der Statuswechsel funktioniert nur, wenn wir die Schüler/innen *gut kennen und mögen*, d.h. wenn wir eine funktionierende Beziehungsebene zu ihnen aufgebaut haben (wie sie auch Joachim Bauer in seinem »Lob der Schule« betont, vgl. Bauer 2007,

S. 19) und sie sich grundsätzlich von uns angenommen und wertgeschätzt fühlen.
- Die beschriebene Szene war kein Happy-End wie aus einem Hollywood-Film, denn auch nach dieser Situation verhielt sich die Schülerin nicht besonders freundlich oder lernwillig. Gleich in der nächsten Stunde motzte sie mich erneut an. Aber: Ich brauchte weniger Energieaufwand, um sie von ihrem eigenen »Abwehrmechanismus« zu erlösen, und Stunde für Stunde wurde unser Verhältnis entspannter und konstruktiver.

Natürlich gelingt so etwas nicht immer – immer wieder gehen solche Situationen auch schief. Denn leider gibt es keine Allgemeinrezepte und jede Schülerin, jeder Schüler ist anders. Aber es ist hilfreich, seine Wahrnehmung für solche Abläufe zu schärfen, weil wir mit der Zeit unser Verhaltensrepertoire und unser Verständnis von Krisensituationen wesentlich verbessern können. Was ist hinsichtlich eines Statuswechsels in der beschriebenen Situation passiert? Hier der Versuch einer Analyse:
- Die Schülerin stört. Ich möchte ihr Verhalten unterbinden. Sie weigert sich. Wir befinden uns in einem klassischen Statuskampf. Wer wird sich durchsetzen?
- Auf meine Ermahnungen hin (im Hochstatus, aus der Rolle der Lehrerposition heraus) reagiert sie ebenfalls mit (natürlichem) Hochstatus: Sie widerspricht und zeigt sich völlig unbeeindruckt.
- Ich verschärfe meine Ermahnungen aus dem Hochstatus heraus – sie legt jedes Mal »einen drauf«. Wir befinden uns in einem Statusgerangel – abwechselnd schraubt jeder seinen Friseurstuhl ein bisschen höher.
- Die Schülerin steht auf (Hochstatus dem Raum gegenüber).
- Die Schülerin beleidigt mich (Hochstatus meinem persönlichen Raum gegenüber).
- Ich könnte jetzt »zurückbrüllen« oder sie aufgrund einer »Sanktion« (Tadel, Verweis o. Ä.) in den Tiefstatus zwingen. Dies ge-

schähe aber aus meiner Machtposition als Lehrerin (rollendefinierter Hochstatus) heraus. Sie würde meinen Hochstatus nicht auf einer menschlichen Ebene anerkennen, sondern – wenn überhaupt – nur aufgrund meiner hierarchisch definierten Rolle. Sie würde (eventuell!) klein beigeben, aber bei einer vergleichbaren nächsten Situation wieder versuchen, ihren Hochstatus durchzusetzen, weil die Auseinandersetzung mit mir zu keiner tatsächlichen Einsicht geführt hätte.

Dieser Punkt bedarf der Erläuterung: Wenn die Schülerin meine Sanktion als ungerechtes Machtmittel empfände, das ich nur aufgrund meiner Position als Lehrerin durchsetzen kann, würde sie mich nicht mehr achten und menschlich nicht als Vorbild akzeptieren. Dadurch erwächst bei ihr keine tiefere Einsicht zur Verhaltensänderung, sondern nur ein kurzfristiges (grollendes) Nachgeben, das ihre Aggressivität in künftigen Situationen nur noch verschärft. Übrigens bezeichnen Schüler/innen Lehrer, die sich nur aufgrund ihrer beruflichen Position durchsetzen können, oft als »Opfer«, was einer schlimmen Beleidigung gleichkommt: In ihrem Sprachgebrauch ist das jemand, der »aufs Maul bekommt«, weil er sich nicht durchsetzen kann (vgl. S. 30).

Besagte Schülerin hat in ihrer Vergangenheit tatsächlich zahlreiche »Statuskämpfe« gegen Lehrer/innen aus ihrer Sicht ungerechtfertigt verloren. Sie fühlte sich zunehmend unverstanden und abgelehnt und hat daher ihren aggressiven Verhaltenskanon immer weiter »professionalisiert«: Sie wurde zu einer »Expertin«, was das Beleidigen und Provozieren ihrer Lehrer/innen anging, daher ihr schier unerschöpfliches Repertoire an Beleidigungen. Diese Schülerin kann in Statusgerangel-Situationen mit Lehrer/innen immer länger »durchhalten«, weil sie jedes Mal aufgrund der davorliegenden Demütigung weitere Aggressionsenergie angesammelt hat. Zurück zur Beispielsituation:

- Ich verzichte auf eine Demonstration von Hochstatus aus meiner rollendefinierten Position heraus und wechsle auf die menschliche Ebene (gespielter Status, dessen Grundvoraussetzung natürlich ein angemessenes Selbstbewusstsein ist!): Nach außen hin gehe ich in den Tiefstatus, da ich ihren Beleidigungen nichts entgegensetze, mich also »nicht wehre«. Körperlich wende ich aber Mittel des Hochstatus an: Ich gehe langsam auf sie zu und halte Blickkontakt.

- Instinktiv setzt die Schülerin »noch einen drauf«, weil sie meinen Hochstatus empfindet: Sie wird noch lauter und weicht nicht von der Stelle.
- Rollenspezifisch gehe ich in den absoluten Tiefstatus, indem ich sie liebevoll, wertschätzend und persönlich anspreche und sie umarme – denn von meiner Lehrerrolle aus betrachtet bedeutet dieses Verhalten Tiefstatus. (Alle Schüler/innen würden zunächst denken: Wie bitte? Damit kommt die Schülerin durch? Das lässt sich die Lehrerin gefallen?)
- Menschlich gesehen bin ich mit meinem Verhalten aber auf einer anderen Ebene in den Hochstatus gegangen (ruhige, verständnisvolle Ansprache, Ignorieren ihrer Angriffe). Dadurch befreie ich das Mädchen aus seiner »Hochstatusschraube« und sie fällt ihrerseits in den Tiefstatus (Weinen).

Im Gegensatz zu Statusspielen auf der Bühne hat diese Form des Statuswechsels ihre Grundlage im direkten menschlichen Respekt vor dem anderen. Der rollenspezifische Tiefstatus meinerseits wird auf der menschlichen Ebene von den Schülern als Hochstatus erkannt, womit wir wieder beim Status-Paradoxon wären.

Und erst jetzt wird deutlich, was der Angriff der Schülerin auf einer darunterliegenden Ebene bedeutete: »Wann kommt endlich ein Lehrer, der mich trotz meines unmöglichen Verhaltens durchschaut und annimmt, vielleicht sogar mag? Wann kommt ein Lehrer, der mich sieht, wie ich wirklich bin, und der stark genug ist, es mit mir auszuhalten? Der trotzdem an mich glaubt?«

Das aggressive Verhalten ist nur eine Show, die als Schutzpanzer gegen tief liegende Enttäuschungen aufgebaut wurde. So etwas können wir nur herausfinden, wenn wir uns aus rollenspezifischem Statusverhalten befreien und den Schülern als Menschen begegnen, die auch bereit sind, Schwächen zu zeigen – und damit Stärke beweisen.

In den Tiefstatus zu gehen bedeutet für uns Lehrer häufig nichts anderes, als uns menschlich zu zeigen und etwas von uns preiszugeben. Und dies ganz bewusst – wenn wir bereit und in der Lage dazu sind. In den Tiefstatus zu gehen bedeutet auch, dass wir ein unkalkulierbares Risiko eingehen, weil wir uns verletzlich zeigen, aber es bietet unvergleichlich mehr Chancen auf Erfolg, was unsere pädagogische Arbeit betrifft.

Gleichzeitig erfordert es aber auch Mut und Auseinandersetzung mit unserer eigenen Persönlichkeit: Welches sind *unsere* Ängste, unsere Schwächen und Stärken? Jugendliche verfügen über einen sehr guten Instinkt und erkennen solche »Mutproben« seitens ihrer Lehrer/innen an (wenn sie wirklich authentisch sind!).

Die Zeiten, als ein Lehrer den Klassenraum betreten und aufgrund seiner Position als Lehrer davon ausgehen konnte, im Hochstatus akzeptiert und respektiert zu werden, sind unwiederbringlich vorbei. Wir müssen anerkennen, dass wir uns die Autorität im Klassenraum »verdienen« müssen.

Und da rollenspezifisches Verhalten immer weniger anerkannt wird, können wir nur versuchen, ein »menschliches Vorbild« für die Jugendlichen zu sein. Nicht, indem wir ihnen vorspielen, wir seien »perfekte Menschen«, sondern indem wir unseren Schüler/innen vorleben, wie wir selbst mit Krisen, mit Angst, mit Konflikten umgehen. Dabei können uns die vielfältigen Beobachtungen aus dem Bereich des Theaters helfen.

Der innere Druck, den wir als Lehrer/innen oft empfinden, weil wir im Klassenzimmer ständig »Chef« bleiben wollen, ist häufig auf die irrige Annahme gegründet, dass wir ununterbrochen im Hochstatus agieren müssten – was uns in der Ausbildung auch so suggeriert wird. Die Wahrheit ist aber, dass wir unsere Autorität auf viel stabilere Beine stellen, wenn wir lernen, unseren Status zu wechseln – indem wir trainieren, auch bewusst in den Tiefstatus zu gehen, und das bedeutet für uns als Lehrer/innen: uns menschlich im oben beschriebenen Sinne zu zeigen.

Dass wir Chef im Klassenzimmer sein müssen, ist richtig, denn wir tragen die Verantwortung. »Chef zu sein« ist aber nicht gleichbedeutend mit »im Hochstatus sein«. *Chef im Klassenzimmer zu sein bedeutet, seinen Status situationsangemessen heben und senken zu können und auf diese Weise die Situation zu beherrschen.*

Jede Form von »Statusstarre« ist auf Dauer destruktiv und frustrierend: Krampfhaft Hochstatus zu halten erfordert zunehmend Nerven und macht auf Dauer krank. Genauso fatal ist es, dauerhaft den Schüler/innen gegenüber Tiefstatus zu spielen. Das führt natürlich dazu, dass sie uns auf der Nase herumtanzen und uns für schwache Lehrer/innen halten, die sich bei ihnen »einschleimen« wollen. Wenn wir es aber auf Dauer schaffen, begnadete *Statuswechsler im Alltag* zu werden und der Situation entsprechend unseren Status spielerisch verändern können, haben wir bedeutend mehr Freude und Erfolg in unserem Beruf. Und lernen etwas über uns selbst.

Um den Unterricht erfolgreich zu gestalten, müssen wir beides beherrschen: Hochstatus *und* Tiefstatus. Die Kunst besteht darin, zwischen diesen beiden Polen souverän »entlangzusurfen«, ohne die Balance zu verlieren. Besonders bedeutsam ist dabei unsere Fähigkeit, bewusst Tiefstatus zu spielen – und dabei vor allem die Kunst, uns dies selbst zuzutrauen. Denn Tiefstatus kann nur der wirkungsvoll einsetzen, der sich menschlich im Hochstatus empfindet, was gleichbedeutend ist mit der Bereitschaft, Verantwortung zu übernehmen. Es besteht nämlich ein himmelweiter Unterschied zwischen dem versehentlichen, unbewussten Einnehmen von Tiefstatus und dem bewussten Einsatz von Tiefstatusverhalten. Auch das Beispiel von Barack Obama (siehe S. 27) zeigt, das bewusstes Tiefstatusverhalten nur dann produktiv ist, wenn es aus einem gewachsenen Hochstatusgefühl heraus entsteht. Nur ein solcher

Mensch ängstigt sich nicht um seinen Status und kann über allen Statuskämpfen stehen.

Nichts anderes tut Keith Johnstone, wenn er seiner Klasse am Anfang sagt: »Alles, was dieses Jahr schiefgeht, ist meine Schuld. Ich übernehme für alles die volle Verantwortung.« Das ist eine Tiefstatusgeste. Aber wer – außer dem Chef – kann so etwas sagen? Wer diesen Satz wirklich lebt, hat absolute Autorität und damit Hochstatus. Das ist nichts anderes als das pädagogische Prinzip aus Johnstones Statuslehre, das ich »Status-Paradoxon« genannt habe.

Für uns als Lehrer/innen folgt daraus: Wenn wir Verantwortung im Klassenzimmer übernehmen wollen, müssen wir aufgrund von natürlichem Hochstatus aus den alltäglichen Statuskämpfen mit Schüler/innen aussteigen können. Dafür brauchen wir ein Gespür, ob die augenblickliche Situation Hoch- oder Tiefstatus erfordert, und die Fähigkeit, die entsprechenden Gesten wie ein Schauspieler gezielt einzusetzen. Beides lässt sich lernen (die Anleitung dazu finden Sie in den folgenden Kapiteln). Und im günstigsten Fall gelingt es uns dann auch, anderen Menschen, insbesondere Jugendlichen gegenüber in den (respektvollen) Tiefstatus zu gehen und ihnen – im Sinne von Mentoren – zu dienen:

Odysseus musste seinen gerade erst zur Welt gekommenen geliebten Sohn Telemachos verlassen, um in den Krieg gegen Troja zu ziehen. Er hatte einen Diener, den er ganz besonders achtete und liebte und dem er das Wertvollste anvertraute, was er besaß: seinen Sohn. Der Diener sollte ständiger Begleiter von Telemachos sein, ihn beschützen und ihm alles beibringen, was dieser fürs Leben brauchte.

Dieser Diener hieß mit Namen Mentor.

3 Die äußere Haltung

3.1 Status im Alltag

»Ich erinnere mich an einen Lehrer, den wir mochten, der aber die Disziplin nicht aufrechterhalten konnte. Der Schulleiter ließ durchblicken, dass er ihn gerne entlassen würde. Wir beschlossen, uns besser zu benehmen. In der nächsten Stunde saßen wir etwa fünf Minuten lang mucksmäuschenstill, dann fing einer nach dem anderen an, Blödsinn zu treiben – die Jungen sprangen über die Tische, Acetylengas explodierte im Waschbecken und so weiter. [...] Ein anderer Lehrer war allgemein unbeliebt, er strafte nie und führte trotzdem ein unbarmherziges Regime. Auf der Straße lief er zielstrebig ausschreitend, die Leute mit Blicken durchbohrend. Obwohl er keine Strafen verhängte oder auch nur androhte, hatten wir schreckliche Angst vor ihm. Scheu malten wir uns aus, wie furchtbar das Leben seiner eigenen Kinder erst sein müsste.

Der dritte Lehrer, der sehr beliebt war, strafte nie und hielt dennoch die Disziplin ausgezeichnet aufrecht. Dabei blieb er sehr menschlich. Er trieb Späße mit uns und stellte gleich darauf auf unerklärliche Weise die Ruhe wieder her. Auf der Straße ging er aufrecht, doch locker, und er lächelte oft. [...]

Heute glaube ich, dass der unfähige Lehrer Tiefstatus spielte: Er war nervös, machte viele unnötige Bewegungen, lief beim kleinsten Ärger rot an und wirkte im Klassenzimmer wie ein Eindringling. Der Lehrer, vor dem wir Angst hatten, war ein zwanghafter Hochstatus-Spieler. Der dritte war ein Status-Experte, mit großem Geschick hob und senkte er seinen Status. Der Spaß, den es Schülern macht, ungezogen zu sein, rührt zum Teil daher, dass sie damit beim Lehrer Veränderungen des Status bewirken. Alle Streiche dienen dazu, den Status des Lehrers herabzusetzen. Der dritte Lehrer wurde mit jeder Situation leicht fertig, weil er zunächst seinen Status veränderte.« (Johnstone 2002, S. 55 f.)

Wenn es uns Lehrer/innen gelingt, »Statusexperten« zu werden, wird unsere Unterrichtssituation wesentlich einfacher. Wir haben dann sogar Spaß. Allerdings gehört Mut und Ausdauer dazu, sich diese Fähigkeit anzutrainieren.

Zunächst einmal müssen wir uns dafür sensibilisieren, wann wir überhaupt welchen Status einnehmen und wann wir dies bewusst oder unbewusst tun: In welchen Situationen nehmen wir Hochstatus ein? Wann gibt es in unserem Alltag typische Situationen, in denen wir in den Tiefstatus gehen? Bevor wir bewusst den Status wechseln können, braucht es nicht nur viel Übung, sondern auch Klarheit darüber, welche unserer Handlungen und Gesten überhaupt welchen Status zum Ausdruck bringen. Unbewusst spielen wir mit unserem Verhalten ununterbrochen auf einer »Statusklaviatur« und senden Signale an unsere Umwelt aus, die instinktive Reaktionen bei unseren Mitmenschen auslösen. Aber wir sind uns der Systematik dieses instinktiven Verhaltens nicht bewusst und können es daher nicht für uns nutzen.

Denken Sie an das diffuse Gefühl, das Sie nach einem erlebnisreichen Arbeitstag in der Schule haben, und wie wenig an konkreten Handlungen und Reaktionen Sie eigentlich noch abrufen können, die zu Ihrem Gefühlszustand geführt haben. Den ganzen Tag haben Sie unbewusst ununterbrochen Statussignale ausgesendet, die zu ganz bestimmten Reaktionen bei Ihren Mitmenschen geführt haben. Aber wie schon erwähnt stürzt sich Ihr Gehirn auf wenige, meist unangenehme Situationen, an denen Sie dann ewig und diffus herumgrübeln, was selten zu einer befriedigenden Lösung führt.

In Wirklichkeit haben Sie aber an diesem Tag eine Vielzahl von Situationen meisterlich gelöst – wenn dies nicht so wäre, hätten Sie nämlich Ihren Lehrerjob schon am zweiten Tag hingeschmissen. Nur sind Ihnen diese vielen kleinen und großen Erfolge leider oft nicht mehr präsent. Dabei können wir aus den »gelungenen Augenblicken« in unserem Alltag viel lernen und die Anzahl dieser Augenblicke auf Dauer erhöhen. Dazu müssen wir aber *wissen*, was wir eigentlich tun. *Der erste Schritt zum erfolgreichen Statuswechsler besteht also darin, sich selbst ganz genau unter diesem Aspekt im Alltag zu beobachten.*

Jeder Mensch hat ein natürliches Gespür für Status. Ununterbrochen nehmen wir im Alltag verschiedene Abstufungen zwischen Hoch- und Tiefstatus ein. Eine Gruppe von Menschen, die über einen längeren Zeitraum zusammenbleibt, wird immer innerhalb kürzester Zeit eine Hierarchie unter sich herstellen. Ein spannendes und beklemmendes Beispiel dafür ist William Goldings Roman »Herr der Fliegen«, der auch gerne als Schullektüre gelesen wird und von Peter Brook in beeindruckender Weise verfilmt wurde.

Wenn Hierarchie durch gesellschaftlich definierte Rollen entsteht, ist jedem von uns sofort einsichtig, wie das funktioniert: Eine gesellschaftlich definierte Hierarchie unterliegt klaren Regeln. Der Theaterintendant steht über dem Regisseur, der Regisseur über dem Regieassistenten, der Regieassistent über dem Schauspieler, der Schauspieler über dem Bühnenarbeiter und so weiter. Verhalten sich alle dem durch ihre Position definierten Status entsprechend, läuft alles reibungslos. Verhält sich aber jemand nicht in dem von ihm erwarteten Status, entstehen in einem hierarchisch organisierten System Konflikte: »Wenn Herr und Diener übereinkommen, ihre Rollen zu verlassen, sind alle anderen wütend – so, als Königin Viktoria sich mit John Brown befreundete« (Johnstone 2002, S. 109).

Denn: Hierarchisch organisierte Systeme wie z.B. ein Staatstheaterbetrieb folgen eindeutig nicht demokratischen Grundsätzen. Es haben nicht alle die gleichen Rechte. Ein Schauspieler muss sich in einem solchen System nicht selten demütigen lassen, denn es nützt ihm überhaupt nichts, wenn er beispielsweise begabter ist als sein eigener Regisseur. Im Staatstheater wird nicht über die beste Idee abgestimmt, sondern »von oben herab« entschieden. Insofern findet man im Theater heute noch durchaus Strukturen einer »höfischen Gesellschaft«.

Schule war bis in die 1960er-Jahre hinein ebenfalls ein hierarchisch organisiertes System und ist es an vielen Schulen noch immer: Der Lehrer steht nach der alten, gesellschaftlich definierten »Hackordnung« über dem Schüler. Nach diesem konservativen Gedankenmodell hat der Lehrer den »höheren Rang«. Daraus leitet sich das Statusverhalten ab, das Lehrer/innen und Schüler/innen dann an den Tag legen: Der Lehrer kommt herein. Die Schüler/innen stehen auf und begrüßen den Lehrer im Chor. Der Lehrer gibt Anweisungen. Die Schüler/innen führen sie aus. Der Lehrer stellt Fragen. Die Schüler/innen melden sich und dürfen sprechen, wenn sie »drangenommen« werden, und so weiter.

Je mehr sich ein Lehrer auf seinen gesellschaftlich definierten Hochstatus beruft und sich eines institutionell verankerten »Strafenkatalogs« bedient, desto größer wird der Drang der Gruppe, die Nummer eins der Rangordnung im Status herabzusetzen.

Da Schule einen Bildungsauftrag hat und die Jugendlichen auf die Gesellschaft von morgen vorbereiten soll, machte es vielleicht einmal Sinn, die Schüler/innen auf diese Weise zum Gehorsam zu erziehen und sie von vornherein auf hierarchische Systeme zu »eichen«: Sie lernten von klein auf, gesellschaftlich definierte Rollen zu erkennen und ihr Statusverhalten hierarchisch »richtig« anzupassen (Dem Direktor gibt man die Hand. Der Lehrerin widerspricht man nicht. Man wartet, bis man aufgefordert wird zu sprechen …). Letztendlich wurden Schüler/innen zu Tiefstatusexperten ausgebildet. Eine übergeordnete Autorität durfte nicht hinterfragt oder gar angezweifelt werden.

Durch den eklatanten Wandel unserer Gesellschaft, in der die alten Zuordnungen nach gesellschaftlichem Stand durch andere Zuordnungen ersetzt worden sind, ist es jedoch fraglich geworden, ob Jugendliche in der Welt von morgen handlungsfähig sein können, wenn sie *nicht* in demokratischen Strukturen geschult wurden: Ist es noch sinnvoll, dass Schüler/innen Gehorsam und Anpassungsfähigkeit lernen in einer Welt, in der hierarchisch ganz oben stehende Personen, sogenannte »Autoritäten«, durch ihr unverantwortliches Handeln eine Finanzkrise herbeiführen konnten?

Sinnvoller erscheint es uns heutzutage, ihre Persönlichkeit individuell zu fördern, ihnen Kompetenzen statt bloß abrufbaren Wissens zu vermitteln und insgesamt ihre Kritik- und Urteilsfähigkeit zu schärfen. All dies ist aber nur in einer Schule möglich, in der demokratische Strukturen herrschen und das alte gesellschaftlich-hierarchische Denken ausgesorgt hat.

Wenn wir in einer demokratischen Schule angekommen sind, in der der Lehrer »nicht unbedingt recht hat«, dann heißt das aber noch lange nicht, dass nun kein hierarchisches Verhalten mehr stattfindet – ganz im Gegenteil. Nur wird es nun viel interessanter, weil Status nicht mehr durch eine gesellschaftlich verabredete Hierarchie entsteht. Will der Lehrer die »Nummer eins« in einem offenen, demokratisch orientierten Prozess sein und bleiben (was er *muss*, denn er trägt die Verantwortung für den Bildungsprozess der ihm anvertrauten Jugendlichen!), dann muss er, wenn er Profi sein will, *zum Experten für Statusverhalten auf einer psychologischen Ebene werden.*

Und damit betreten wir genau das Feld, das in der Lehrerausbildung ausgespart wird. Wir verlassen den Bereich der verabredeten Zeichen und betreten wie Alice im Wunderland das berühmte Kaninchenloch.

3.2 Der natürliche Status

»Heute bin ich sicher, dass jeder Mensch einen bevorzugten Status hat; der eine will tief sein, der andere hoch. Jeder versucht, sich in die bevorzugte Position zu bringen. Ein Mensch, der Hochstatus spielt, signalisiert: ›Komm mir nicht näher, ich beiße.‹ Jemand, der Tiefstatus spielt, signalisiert: ›Beiß mich nicht, ich bin der Mühe nicht wert.‹ In beiden Fällen ist der gespielte Status eine Abwehr, die im Allgemeinen funktionieren wird. Wahrscheinlich wird man zunehmend konditioniert, den Status zu spielen, der sich als wirksame Abwehr erwiesen hat. Man wird zu einem Status-Spezialisten, der den einen Status sehr gut spielen kann, den anderen jedoch nur sehr ungeschickt spielt. Soll man den ›falschen‹ Status spielen, fühlt man sich ›ungeschützt‹.« (Johnstone 2002, S. 71)

Der *natürliche Status* ist nach Johnstone also der Status, den wir meistens einnehmen, ohne darüber nachzudenken. Interessant ist hierbei auch, dass Status (natürlich!) nicht angeboren ist. Jeder kennt die Tiefstatusschraube vor der Fahrstuhltür: »Nach Ihnen!« – »Nein, nach Ihnen!« – »Nein, nach Ihnen!« und so weiter. Unsere »gute Kinderstube« hat oft einen erheblichen Anteil an unserem (Tiefstatus-)Verhalten. Manche haben diese »Kinderstube« internalisiert, andere haben sich dagegen aufgelehnt.

Wie würden Sie sich selbst einschätzen? Sind Sie ein eher harmoniebedürftiger Mensch, oder lassen Sie es gerne auch mal krachen, wenn Ihnen etwas nicht passt? Wahrscheinlich können Sie ziemlich genau sagen, ob Sie im Alltag eher zu Hoch- oder zu Tiefstatusverhalten neigen:

- Bestimmen Sie gerne, was gemacht wird?
- Reden Sie in geselligen Runden eher viel oder wenig?
- Weichen Sie auf der Straße einem auf Sie zugehenden Fußgänger zuerst aus oder warten Sie, bis er ausweicht?
- Sprechen Sie andere Menschen oft direkt mit Namen an (»Ich freue mich, Sie zu sehen, *Frau Petersen*«)?

> Durch *Tiefstatusverhalten* wird Harmonie und Nähe – meistens auch Sympathie – beim Gegenüber erzeugt.
>
> Durch *Hochstatusverhalten* wird Distanz hergestellt und Respekt beim Gegenüber erzeugt.

Beim natürlichen Statusverhalten ist das äußere Verhalten grundsätzlich gekoppelt an eine bestimmte innere Haltung. Äußeres Auftreten und innere Haltung müssen sich nicht unbedingt entsprechen. Es gibt folgende vier Varianten, die wir alle kennen und in uns tragen – von denen wir allerdings im Alltag instinktiv zu einer Variante tendieren:

1. Innen hoch, außen tief – der Charismatiker

Sie sind innerlich sicher und überzeugt von dem, was Sie tun und wollen – nach außen hin spielen Sie aber bewusst tief bzw. passen Ihren Status geschickt der jeweiligen Situation an und steuern auf diese Weise die Situation nach Ihrem Willen.

Dieser Typus entspricht dem dritten Lehrertyp bei Keith Johnstone (vgl. das Zitat auf S. 51), der oft lächelt, aber die Disziplin »auf unerklärliche Weise« wiederherstellt.

2. Innen hoch, außen hoch – der Machtmensch

Sie sind innerlich sicher und überzeugt von dem, was Sie tun und wollen – und das zeigen Sie auch deutlich nach außen. Durch Ihr klares Hochstatusverhalten erzeugen Sie beim Gegenüber nicht unbedingt Sympathie, aber Respekt.

Dieser Typus entspricht dem zweiten Lehrertyp bei Keith Johnstone, der »allgemein unbeliebt war und ein unbarmherziges Regime führte«.

3. Innen tief, außen hoch – der »Kläffer«

Sie sind innerlich unsicher und unzufrieden mit sich selbst. Das kompensieren Sie nach außen mit deutlichem, meist lautstarkem Hochstatusverhalten. Zum Beispiel fordern Sie empört und laut Ihr Recht ein, wenn sich jemand beim Einkaufen an der Kasse vorgedrängelt hat.

Dieser Typus entspricht dem Lehrer, der in Konfliktsituationen im Klassenraum rot anläuft, herumbrüllt oder mit Tadel, Strafarbeiten, Suspendierung oder Ähnlichem droht.

4. Innen tief, außen tief – der Teamplayer
Sie sind innerlich eher unsicher, trauen sich nicht so viel zu, hadern damit aber auch nicht. Nach außen gehen Sie eher humorvoll mit Ihren Schwächen um, verhalten sich bescheiden und ordnen Ihre Vorstellungen im Zweifelsfall den Wünschen anderer unter. Sie wollen von anderen lieber gemocht als geachtet werden und sind in Konfliktsituationen eher auf Harmonie aus als darauf, sich durchzusetzen.

Dieser Typus ist bei anderen Menschen der beliebteste. Er entspricht dem Lehrer, den die Schüler/innen zwar mögen, bei dem aber »das Acetylengas im Waschbecken explodiert« (vgl. S. 51) und der sich bei den Schüler/innen keinen Respekt verschaffen kann.

Es ist nun interessant herauszufinden, zu welchem der vier typisierten Verhaltensweisen Sie am häufigsten neigen. Sobald Sie das erkannt haben, können Sie versuchen, Ihr Verhalten zu modifizieren und bewusst zu steuern. Damit verbunden ist für jeden von uns die Frage, durch welche Gesten, Körperhaltungen und Signale er bei anderen den Eindruck von Hoch- bzw. Tiefstatus erzeugt.

3.3 Der gespielte Status

Durch welche Gesten, Körperhaltungen und Signale erzeuge ich bei anderen den Eindruck von Hoch- bzw. Tiefstatus?

Diese Frage kommt so harmlos daher, aber die Antwort darauf markiert die Grenze zwischen natürlichem und gespieltem Status. Natürlichen Hoch- oder Tiefstatus »spielen« Sie mehr oder weniger unbewusst. Wenn Sie aber plötzlich *wissen*, dass Sie im Hochstatus wahrgenommen werden, wenn Sie beim Sprechen den Kopf still halten, dann werden Sie anfangen, darüber nachzudenken, *ob* Sie beim Sprechen normalerweise den Kopf still halten – und Sie werden sich fragen: Stimmt das überhaupt? Dann werden Sie kleine heimliche Versuche starten – und schon haben Sie die Grenze vom natürlichen zum gespielten Statusverhalten überschritten. Genau genommen haben Sie damit den ersten Schritt getan, zu schauspielern.

> »Schließlich erkläre ich ihnen [den Schüler/innen], dass ich den Kopf still halte, wenn ich spreche, und dass dies eine große Veränderung hervorruft, in der Art, wie ich mich selbst empfinde und wie ich auf andere Menschen wirke. [...] Manchen Menschen ist es unmöglich zu sprechen und dabei den Kopf still zu halten; noch merkwürdiger ist, dass manche Schüler behaupten, sie hielten den Kopf ruhig, während sie in Wirklichkeit herumwackeln. [...] Schauspieler, die Autorität herstellen müssen – tragische Helden und so weiter –, müssen diesen Trick, den Kopf ruhig zu halten, lernen.« (Johnstone 2002, S. 70)

Je mehr »Tricks« dieser Art Sie sich bewusst machen und absichtsvoll anwenden, desto mehr werden Sie zum Schauspieler. Gegen diesen Gedanken empfinden manche Menschen einen inneren Widerstand, weil sie »schauspielern« als »jemandem etwas vormachen« im Sinne von »vortäuschen« verstehen. »Schauspielern« heißt aber nur, dass Sie Ihre Gesten und Bewegungen *kontrolliert einsetzen*, um in Ihrem Job erfolgreicher und professioneller agieren zu können.

Ein prominentes Beispiel für dieses professionelle Agieren sind die Reden von Barack Obama, in denen dieser gezielt Tiefstatusgesten einsetzt, um den Eindruck von Bescheidenheit und kluger Zurückhaltung zu erwecken (siehe auch S. 27): Er lächelt nicht einfach so, sondern an ganz bestimmten Stellen; im Ganzen sehr wenig. Er streckt seine Arme niemals in pompösen Gesten aus, sondern eher zögerlich und nie bis zur vollen Streckung. Vielmehr bleiben seine Arme halb eingeknickt, wenn er die Hände in Richtung Publikum hebt. Sie können sich absolut sicher sein, dass Obama bei einer öffentlichen Rede nichts dem Zufall überlässt. Als Vollprofi ist er sich jeder seiner Gesten genau bewusst. Denn jedes nonverbale Signal, das er aussendet, hat eine Wirkung, die rund um den Globus wahrgenommen wird. Sich bereits vorher über diese Wirkung Gedanken zu machen ist nicht falsch, sondern professionell.

Nun mögen Bescheidenheit und Klugheit durchaus Obamas »echte« Eigenschaften sein – es würde nur nichts nützen, wenn das außer seiner Frau niemand wüsste. Daher benutzt er Mittel, um diese Eigenschaften für alle lesbar zu machen und sie öffentlich zum Ausdruck zu bringen. Obwohl er also Gestik und Mimik bewusst und professionell einsetzt, täuscht Obama nichts vor. Es geht also bei einem kontrollierten Einsatz von Statusgesten nicht um Betrug, sondern um das professionelle Beherrschen einer Situation.

Und noch etwas zeigt das Beispiel von Barack Obama, der als Präsident der Vereinigten Staaten den höchsten gesellschaftlich definierten Status überhaupt innehat: Offenbar besitzt er zusätzlich so viel menschliche Souveränität (Reife), dass er um seinen Status nicht fürchtet und daher anderen Menschen gegenüber problemlos in den Tiefstatus gehen kann. Seine Tiefstatusgesten wiederum bewirken überall auf der Welt, dass er auch menschlich im absoluten Hochstatus wahrgenommen wird. Damit gründet der Respekt ihm gegenüber nicht nur auf seiner gesellschaftlich definierten Position, was durch einen Vergleich mit seinem Amtsvorgänger George Bush schnell deutlich wird: Weil Obama kraft seiner Persönlichkeit, gepaart mit genauer Kenntnis von körpersprachlichen Codes, ein sehr versierter Statuswechsler ist, wird er in der Welt als natürliche Autorität wahrgenommen – auch hier kommt wieder das Status-Paradoxon zum Vorschein.

An dieser Stelle muss aber angemerkt werden, dass das Spiel mit Status weitaus komplexer ist, als es in einzelnen Beispielen vielleicht erscheint. Es gibt keine Eins-zu-eins-Rezepte für den wirkungsvollen Einsatz von Status, sondern immer nur beispielhafte Beschreibungen, die Sie zunehmend für das Thema sensibilisieren können.

Die wichtigste Regel beim bewussten Einsatz von Status lautet: *Wirkungsvolle Statuswechsel sind immer situationsgebunden.* Selbst eine identische Abfolge von Gesten wird nie dasselbe Ergebnis haben, weil jede Situation neue und andere Anforderungen stellt. Trotzdem müssen Sie die Hoffnung nicht gleich aufgeben und dieses Buch in die Ecke schmeißen. Denn aus eigener Erfahrung weiß ich, dass die Beschäftigung mit dem Thema Status zunehmend an Faszination gewinnt, je länger und intensiver sie geschieht: Sie werden zunehmend ein Gespür für Hoch- und Tiefstatus und alle Facetten dazwischen entwickeln und im Alltag immer mehr Statussituationen entdecken und treffend analysieren können. Das ist ungefähr so, als ob Sie eine neue Sprache erlernen: Am Anfang haben Sie nur wenige Wörter zur Verfügung, später können Sie die Sprache einigermaßen fließend sprechen und am Ende sogar kreativ damit umgehen. Ebenso wächst das Gespür, wann eine Statusgeste welche Wirkung hat, während dieses Prozesses automatisch mit.

Wenn Sie Lust auf ein höchst unterhaltsames Beispiel für die Komplexität der Wirkung von Statusregeln haben, empfehle ich Ihnen den Film »Inglorious Basterds« von Quentin Tarantino. Darin spielt der Schauspieler Christoph Waltz den SS-Standartenführer Hans Landa. In dieser Rolle besitzt er gesellschaftlich definierten Hochstatus, spielt aber fast ununterbrochen Tiefstatus, dann stellt er urplötzlich wieder absoluten Hochstatus her. Insgesamt hat sein Spiel die (intendierte) Wirkung, Angst und Schrecken zu verbreiten, vor allem aber: das gesamte Geschehen zu steuern. Seine Statuswechsel sind so versiert und verblüffend, dass die Zuschauer/innen lachen – obwohl es absolut nichts zum Lachen gibt!

Sie selbst setzen beim Kommunizieren mit Mitmenschen bereits alle möglichen (Status-)Gesten situationsbedingt ein, denn jeder Mensch besitzt durch seine Sozialisation ein instinktives Grundrepertoire an Gestik und Mimik: Wenn Sie einen Menschen trösten wollen, setzen Sie beispielsweise andere körpersprachliche Mittel ein, als wenn Sie im Gespräch mit Ihrem Chef ein Projekt durchsetzen wollen. Sich aber der eigenen Körpersprache und deren Wirkung bewusst zu sein erweitert Ihr Spektrum an Möglichkeiten der Kommunikation. Sie sollen es nicht zur Täuschung einsetzen, sondern zur Erweiterung Ihrer Handlungsmöglichkeiten.

Dass Lehrer/innen dieses Wissen innerhalb der Ausbildung vorenthalten wird, ist eigentlich ein Skandal. Denn sie agieren den ganzen Tag mit Menschen und sollen dabei eine unfassbare Anzahl von Zielen erreichen, die im Übrigen immer anspruchsvoller werden. Fast alle Aufgaben, die ein Lehrer in seinem Alltag bewältigen muss, hängen direkt oder indirekt von einer gelungenen Kommunikation ab. Trotzdem werden Lehrer/innen hinsichtlich ihrer nonverbalen Kommunikation kaum geschult – obwohl doch bekannt ist, dass nonverbale Signale eine weitaus stärkere Wirkung auf das Gegenüber haben als verbale.

Die Schnittmenge zwischen Ihnen und dem Schauspieler ist, dass Sie beide *wissen, was Sie tun*. Dass Sie nicht einfach losgehen und irgendwie »improvisieren« nach dem Motto: Ich gehe jetzt mal in diese Klasse und irgendwie wird es schon werden! Ein Schauspieler geht auch nicht auf die Bühne und versucht »irgendwie« Hamlet zu spielen. Vielmehr verfügt er über ein weites Spektrum an bewussten Verhaltensmöglichkeiten und hat eine Vorstellung davon, wie diese oder jene Geste auf das Publikum wirkt. Und kein (guter) Regisseur wird ihm Anweisungen geben nach dem Motto »Mach zuerst diese Geste und dann jene«, denn das würde schematisch und leblos wirken. Stattdessen erläutert der Regisseur die zu spielende *Situation* möglichst facettenreich. Der Schauspieler setzt dann sein persönliches Bewegungs- und Ausdruckspotenzial ein, um die Situation lebendig zu machen.

So ähnlich funktioniert das auch im Klassenzimmer: Je besser Sie die Situation kennen (Sind die Schüler/innen grundsätzlich wütend auf die Lehrer, weil sie sich von ihnen gedemütigt oder abgelehnt fühlen; hatten sie gerade Sport und sind sie einfach nur erschöpft; haben sie Kummer zu Hause …), desto sensibler, treffender und wirkungsvoller können Sie Ihr »Statusrepertoire« zum Einsatz bringen und die Kontrolle über die Situation gewinnen.

Sie müssen keinen Hamlet auf der Bühne erlebbar machen. Sie spielen keine Figur, Sie spielen eine Situation. Dabei bleiben Sie Sie selbst und im besten Fall spielen Sie die Situation so, dass Sie diese beherrschen. Sie benutzen die Kenntnisse und Fertigkeiten des Schauspielers einfach nur, um im Alltag selbstbestimmter agieren zu können. Sie können sich aus der Handwerkskiste des Schauspielers guten Gewissens bedienen, die Wirkung von Hoch- und Tiefstatusgesten erproben und erlernen, um dann kleine Bausteine davon gewinnbringend in Ihrem Alltag einsetzen. Und zwar mit dem Ziel, effektiver zu kommunizieren und Ihren Erziehungsauftrag professioneller erfüllen zu können.

Mit »etwas vorspielen« im Sinne von »unecht sein« hat das nichts zu tun. Ganz im Gegenteil können Sie im Alltag viel authentischer sein, wenn Sie mehr professionelle Mittel zur Verfügung haben, dadurch sicherer werden und konfliktreichen Situationen nicht hilflos ausgesetzt sind – denn es gibt immer weniger Situationen, die Sie »irgendwie« meistern müssen.

Bevor nun einige Verhaltensweisen, die Hoch- bzw. Tiefstatus erzeugen, vorgestellt werden, noch eine wichtige Warnung: Sie werden das Folgende lesen und sich dabei ertappen, dass Sie Hochstatus grundsätzlich attraktiver finden als Tiefstatus. Leider denkt man das am Anfang immer. Bei allen Statusspielen will zu Beginn jeder im Hochstatus sein. Vielleicht hängt das mit unserem Gesellschaftsbild zusammen, in dem der Begriff Hochstatus mit Verben wie »siegen«, »gewinnen«, »sich durchsetzen«, »Erfolg haben« assoziiert ist. Aber gerade für den Lehrerberuf ist der professionelle Einsatz von Tiefstatus von entscheidender Bedeutung und ein Zeichen für Souveränität (siehe S. 49). Vielleicht fällt es Ihnen auch leichter, Tiefstatus positiv wahrzunehmen, wenn Sie an die Lehre des Buddhismus denken.

Dass Sie Hoch- und Tiefstatus als gleichwertig anzunehmen lernen, ist entscheidend, um mit der Statusmethode Erfolg zu haben. Dennoch komme ich nicht darum herum, Ihnen zunächst die klassische Aufteilung von Hoch- und Tiefstatusverhaltensweisen zu präsentieren, die immer ein gewisses Gefühl der Beschämung auslöst: Man ertappt sich bei dem einen oder anderen Verhalten und ärgert sich, dass man als »natürlicher Tiefstatusspieler« entlarvt wird. *Was Ihren natürlichen Status angeht, ist es vollkommen gleichgültig, ob Sie ein Hoch- oder Tiefstatusspieler sind.* Eine Wertung in »gut« oder »schlecht» verbietet sich angesichts all der Möglichkeiten, die beide Varianten eröffnen. Tiefstatusverhalten kann genauso erfolgsbringend sein wie Hochstatusverhalten und umgekehrt.

Noch wichtiger ist aber die Erkenntnis, dass Sie ohnehin zunächst einmal den Status spielen lernen sollen, der Ihrem natürlichen Status *nicht* entspricht. Versuchen Sie also, die klassische Zuordnung der Statusverhaltensweisen *wertfrei* zu lesen. Sie stellt ohnehin eine Verkürzung dar und bedarf einer genaueren Interpretation und Vertiefung in den folgenden Kapiteln. Dennoch ist sie für das grundsätzliche Verständnis erst einmal unverzichtbar, denn sie ist ein wichtiger Baustein auf dem Weg der phasenweisen Sensibilisierung für Statusbewusstsein.

Bei der folgenden Auflistung handelt es sich um eine grobe Orientierung. Die Abstufungen zwischen Hoch- und Tiefstatus können sehr vielschichtig und variabel sein, je nachdem, in welcher Situation man sich befindet. Je mehr Sie in die Thematik eintauchen und »Selbstversuche« starten, desto feiner und komplexer wird Ihre Statuswahrnehmung werden. Die folgenden Verhaltensbeschreibungen sind Tendenzen für nonverbale Hoch- oder Tiefstatussignale. Jedes Verhalten kann, für sich genommen, auch im entgegengesetzten Status gespielt werden – dies wird in den Beispielen im anschließenden Kapitel erläutert.

Hochstatus	Tiefstatus
• Person spricht eher wenig, dafür aber »auf den Punkt«. (Auch hohe Gesprächsanteile z. B. in einer geselligen Runde können für Hochstatus stehen. Ob jemand »plappert« oder das Gespräch im positiven Sinne »beherrscht«, lässt sich instinktiv erkennen.) • Person hält beim Sprechen den Kopf still. • Person nimmt sich Zeit und Raum für das, was sie zu sagen hat. • Person spricht laut und geht davon aus, dass alle hören wollen, was sie zu sagen hat. • Oder Person spricht leise, sodass andere schweigen müssen, um zuhören zu können. • Person sieht den anderen direkt an (ohne zu starren), eher etwas länger als üblich, hält den Blick und weicht nicht aus, bis sie auf etwas anderes schaut, und wirft dann keinen zweiten Blick zurück. • Person schaut eher horizontal oder nach oben. • Zwinkert eher selten. • Person hält den Blick ruhig. • Person nimmt viel Raum ein, nutzt weite Gesten. • Die Haltung der Person ist eher symmetrisch. • Person bewegt sich, wann sie es will, geht ruhig und gemessenen Schrittes dorthin, wo sie hin will, und erwartet, dass andere Platz machen. • Person gibt Anweisungen und fordert Unterstützung. Entschuldigt, wenn überhaupt, nur unter Beibehaltung von Hochstatusgesten.	• Person redet schnell und nervös – die Lautstärke ist dabei so, dass man die Person nur schwer versteht. • Person verwendet viele Füllwörter und »Äh's«. • Person vermittelt den Eindruck, Angst zu haben, dass sie stören könnte. • Person meidet oder unterbricht häufig den Blickkontakt, sieht den anderen nur an, wenn dieser wegblickt. • Person schaut eher zu Boden. • Person zwinkert häufig. • Die Augen der Person gehen unruhig durch den Raum, der Blick »flackert«. • Person nimmt wenig Raum ein, hat die Hände dicht am Körper oder im Gesicht. • Person macht viele überflüssige Bewegungen, streicht sich zum Beispiel dauernd die Haare aus dem Gesicht u. Ä. • Die Haltung der Person ist eher asymmetrisch. • Person macht sofort Platz, wenn jemand kommt. • Person bewegt sich eher rasch und unsicher, weicht aus, bewegt sich eher am Rand des Raumes. • Person versucht, alles richtig zu machen und andere zufriedenzustellen, reagiert dabei schnell und voreilig. • Person entschuldigt sich eher zu oft, gern auch prophylaktisch. • Person lässt sich unterbrechen. • Person sitzt »klein« und eher auf der vorderen Hälfte des Stuhls,

Hochstatus	Tiefstatus
• Person lässt sich nicht unterbrechen, unterbricht gegebenenfalls andere. • Person sitzt breit auf dem Stuhl, mit den Füßen fest am Boden, und findet es in Ordnung, sich so »breitzumachen«. • Person respektiert die Privatsphäre der anderen nicht, hält eher wenig Abstand und berührt andere. • Person antwortet eher langsam, macht Pausen beim Sprechen. • Person lacht laut.	mit den Zehenspitzen am Boden, Füße sind eher einwärtsgedreht. • Person respektiert die Privatsphäre der anderen, hält viel Abstand. • Person antwortet (zu) schnell. • Person kichert unangemessen, lacht hektisch (z. B. verhaltenes »Hi, hi, hi« statt lautes »Ha, ha«).

Um zu verdeutlichen, dass es im Unterricht höchst konstruktiv sein kann, sich als Lehrer *sowohl im Hoch- als auch im Tiefstatus* zu verhalten, hier noch einige Bespiele, die sich direkt auf den Schulalltag beziehen und diesen *positiv* beeinflussen:

Hochstatus im Unterricht	Tiefstatus im Unterricht
• Aufrechte, entspannte Körperhaltung. • Wenige Bewegungen. • Ruhige, gleichmäßige Sprache. • Die eigene Stimmung kann nicht von den Schüler/innen verändert werden, egal was passiert. • Klare, deutliche Anweisungen. • Gegenüber sich selbst und den Schüler/innen hohen Anspruch fordern (sowohl menschlich als auch fachlich). Dabei gilt: Ich fordere viel von meinen Schülern, aber noch mehr von mir selbst. • »Unparteiisches«, aber gerechtes Feedback, immer das Positive zuerst.	• Alles, was die Schüler/innen tun sollen, selbst vormachen. • Über sich selbst lachen! • Fehler zugeben! • Über eigene Fehler lachen können! • Authentische Emotionen zeigen! • Privates von sich erzählen. • Sich beim Sprechen vor die Schüler/innen hinknien, sodass dies beim Sprechen auf den Lehrer hinabschauen können. • Mit den Schüler/innen Verstecken spielen, toben, albern sein. • Witze erzählen und sich Witze erzählen lassen. • Quatsch machen.

Hochstatus im Unterricht	Tiefstatus im Unterricht
• Die Zeit bestimmen. • Jedem Schüler seine Aufgabe, seine Verantwortung innerhalb der Gruppe deutlich machen und einfordern. • Fachlich sehr gut vorbereitet sein. • Ziele beschreiben und den Weg mit der Gruppe dorthin selbst verantworten. • Entscheidungen treffen (menschlich und fachlich). • Den Raum beherrschen. • Sich niemals auf institutionelle Regeln zurückziehen, sondern eigene Regeln aufstellen und konsequent einfordern.	• Die Ideen der Schüler/innen annehmen und ernst nehmen! • Von vornherein klarstellen: Wenn irgendetwas nicht klappt oder wir etwas nicht schaffen, ist dies grundsätzlich die Schuld des Lehrers – weil er für den Unterricht verantwortlich ist.

Im Kapitel »Der Lehrer als Statusspieler im Alltag« (S. 89) erfahren Sie anhand von Beispielsituationen und Auswertungen, wie Sie diese Verhaltensweisen ganz konkret anwenden, dabei in Ihrem Alltag Statuswechsel trainieren und zunehmend für sich nutzen können.

3.4 Die Wirkung von »Statusspielen« auf das Gegenüber

Bestimmt ist es Ihnen schon einmal passiert, dass Sie als Kunde in einem Laden unfreiwillig in den Tiefstatus gebracht worden sind – obwohl doch der Kunde »König« sein sollte. Eigentlich sollten Sie beim Einkaufen wie ein König behandelt werden und dementsprechend im Hochstatus auftreten können.

So manche selbstbewusste, energische Kassiererin hat uns aber schon das ein oder andere Mal ins Schwitzen gebracht, beispielsweise beim Lebensmittel-Discounter: Während *sie* souverän und gelassen mit einem ungeheuerlichen

Tempo unsere Waren scannt und auf einen in Windeseile anwachsenden Haufen schiebt, werden *wir* auf der anderen Seite des Laufbandes zunehmend hektisch, versuchen der riesigen Warenmenge (vergeblich) Herr zu werden und den immer schneller anwachsenden Haufen wegzuräumen. Wenn es schlecht läuft, »hibbeln« wir dabei herum, Sachen fallen herunter, wir benehmen uns wie ein Clown in einer Slapsticknummer beim obligatorischen Klappliegestuhl-Aufbau. Am Ende stehen wir etwas atemlos und rotgesichtig mit unserem Portemonnaie vor der Kassiererin und sind kurz davor, uns für unsere Langsamkeit und überhaupt für unsere allgemeine Unfähigkeit zu entschuldigen. Und wenn wir unseren randvollen Einkaufswagen dann draußen über den Parkplatz schieben, fragen wir uns verwirrt: »Wieso bin ich so ein Idiot?«

Auch wenn wir uns die Entschuldigung gerade noch verkniffen haben – unsere nonverbalen Signale senden nur zu deutlich die Botschaft aus: »Beiß mich nicht! Ich bin der Mühe nicht wert!« Ähnliches können Sie auch in einer gehobenen Boutique oder im Parfümladen erleben: Irgendwie werden Sie das Gefühl nicht los, dass Sie den Damen vor Ort weit unterlegen sind und ihnen mit Ihrer Ahnungslosigkeit und Tollpatschigkeit wahnsinnig auf die Nerven gehen. Wenn Sie dann anfangen, sich für Ihren Einkauf zu entschuldigen oder dafür, dass Sie – »Entschuldigung« – nur eine kleine Frage haben, dann sind Sie auch hier in die Tiefstatusfalle getappt.

Viele Verkäufer/innen haben sich Hochstatusverhalten angewöhnt (was übrigens nicht unbedingt verkaufsfördernd ist): Sie lassen einen Kunden, der eine Frage hat, erst einmal warten und führen in aller Ruhe den Plausch mit ihrer Kollegin oder ihrem Kollegen zu Ende. Indem sie den Kunden mit Fachfragen überfordern, lassen sie ihn spüren, dass er keine Ahnung von der Materie hat (»Ach, Sie kennen den neuen Duft von XY nicht?«). Sie verhalten sich im Laden sicher und souverän und vermitteln damit das Gefühl, dort ganz zu Hause zu sein. Der Kunde aber ist der fremde Eindringling, der sich nicht auskennt.

Wie die Kassiererin beim Discounter demonstrieren die Ladenangestellten Sicherheit und Souveränität bei den Abläufen im Laden und zeigen dabei eine milde, freundliche und überhebliche Geduld mit den Kunden, die sich dadurch als nervig, langsam, peinlich, unfähig, »trottelig« oder sonst wie unterlegen empfinden. Werden Sie also mit derlei Hochstatusverhalten konfrontiert, ist es nur natürlich (nämlich instinktiv), dass Sie mit Tiefstatusverhalten reagieren. Sobald Sie sich aber mit Statusverhaltensweisen auskennen und bewusst damit umgehen können, haben Sie die Möglichkeit, Situationen zu steuern: Sie nehmen bewusst Einfluss auf das Verhalten Ihres Gegenübers.

Instinktiv haben Sie sich der selbstbewussten und leicht überheblichen Parfümerieverkäuferin untergeordnet, weil diese klare Hochstatussignale ausgesendet hat. Solange Sie unbewusst reagieren, verhalten Sie sich instinktiv: *Jemand, der im Hochstatus auftritt, zwingt zunächst die anderen in einen tieferen Status.* Da sich aber nur wenige Menschen über Status bewusst sind und fast ausschließlich aus gesellschaftlich definiertem oder natürlichem Status heraus agieren, haben Sie eine große Chance, durch einen bewusst gespielten Status das Verhalten anderer zu Ihren Gunsten zu verändern. Sie können es gleich ausprobieren:

Sobald Sie an der Discounter-Kasse wieder ins Schwitzen geraten, halten Sie inne und machen Sie sich bewusst: *Sie* sind der Kunde, *Sie* sind der König! Also hören Sie auf zu hetzen und üben Sie Hochstatusverhalten: Nehmen Sie sich so viel Raum und so viel Zeit, wie Sie brauchen. Machen Sie der Kassiererin ein schlechtes Gewissen, dass Sie sich ihretwegen so hetzen müssen. Seien Sie indigniert über diese Zustände. Wenn Sie es zur Perfektion bringen, werden Sie erreichen, dass andere herbeieilen und Ihre Sachen mit einpacken. (Aber Achtung: Sympathischer wirken Sie dadurch vielleicht nicht gerade!)

Die auf den vorangehenden Seiten geschilderten Verhaltensweisen können beim »Trainieren« von Hoch- oder Tiefstatus eine Hilfe sein. Besonders wichtig ist aber auch, dass Sie Ihre Instinkte schärfen und Schritt für Schritt Verhaltensweisen austesten und auf ihre Statuswirkung hin überprüfen. Schauspieler/innen »üben« auch in der U-Bahn, im Bus oder an öffentlichen Plätzen: Sie setzen sich z. B. in eine überfüllte U-Bahn und testen über Blickkontakte Hoch- oder Tiefstatus. Dies empfiehlt sich allerdings nicht in sogenannten »Ghetto-Bezirken« wie z. B. Berlin-Neukölln: Die extrem statussensibilisierten Jugendlichen werden sich schnell angegriffen fühlen und unbedingt eine Schlägerei mit ihnen anfangen wollen. Vom Prinzip her gilt: Wie reagiert ein anderer auf kleine Hochstatussignale von Ihnen? Geht er in den Tiefstatus (= schaut sofort weg) oder fordert er Sie heraus, indem er Ihren Blick hält und dann bewusst woandershin schaut?

Versuchen Sie sich ganz bewusst anders zu verhalten als üblich. Am besten nicht sofort in Ihrem beruflichen oder privaten Umfeld, denn dort ist es am schwersten. Leichter ist es an neutralen Orten, wo Sie eventuell nicht ein zweites Mal wieder auftauchen müssen und wo Sie niemand kennt. Konzentrieren Sie sich auf folgende Aspekte:

Blickkontakt

- Wie lange halten Sie Hochstatus aus? = Wie lange und wie fest trauen Sie sich, jemanden anzuschauen?
- Wann gehen Sie in den Tiefstatus? = Wann schauen Sie schnell weg?
- Auf welche Kleinigkeiten reagieren Sie?
- Gibt es Personen, denen gegenüber Sie leicht Hochstatus einnehmen können? Welchen Personen gegenüber fällt es Ihnen schwer?
- Gibt es Personen, denen gegenüber Sie es überhaupt nicht schaffen, in den Hochstatus zu gehen (also den Blick angemessen zu halten)?

Ist Letzteres der Fall, dann versuchen Sie herauszufinden, warum das so ist. Jeder Mensch hat sich im Laufe seines Lebens konditioniert, in gewissen Schlüsselsituationen zu einem bestimmten Statusverhalten zu tendieren. Hinterfragen Sie Ihre Einstellung Autoritäten gegenüber. Wie reagieren Sie auf gesellschaftlich definierten Hochstatus? Oder gibt es besondere Formen von natürlichem Status, die Sie instinktiv in den Tiefstatus verfrachten? Denken Sie immer daran, dass Sie sich Ihr Verhalten im Laufe eines Lebens »angewöhnt« haben. Sie können es sich auch wieder abgewöhnen. Sie können *anders* reagieren, als Sie es sonst immer getan haben. Sehen Sie diese kleinen »Mutproben«, in denen Sie bewusst entgegen Ihrem natürlichen Statusverhalten reagieren, als Trainingseinheiten an.

Wenn Sie merken, dass Sie von jemandem angestarrt werden, wird folgendes Verhalten als Hochstatus gelesen: Sie schauen die Person ebenfalls an, und zwar etwas länger, als Ihnen lieb ist. Dann schauen Sie ganz bewusst woandershin und werfen auf keinen Fall einen zweiten Blick zurück. Oft merken Sie dann, dass nun der andere Sie anstarrt. Schauen Sie nur dann ein zweites Mal hin, wenn Sie austesten möchten, wie es sich anfühlt, im Tiefstatus zu sein. Wollen Sie ganz tief spielen, dann schauen Sie mehrmals wieder zur anderen Person hin, und zwar von unten und nur ganz kurz. Sie werden dann vom anderen als »Beute« wahrgenommen:

> »Zoobesucher fühlen sich überlegen, wenn sie den Blickkontakt mit einem Tier länger aushalten. Sie sollten mit einem Zootier einmal Folgendes versuchen: Brechen Sie den Blickkontakt ab und schielen Sie gleich darauf einmal kurz zurück. Für Polarbären sehen Sie plötzlich wie etwas Fressbares aus. Die Eulen sind sichtlich erfreut.« (Johnstone 2002, S. 67)

Für Fortgeschrittene, die es wirklich wissen wollen
Gehen Sie auf einen Flohmarkt. Beobachten Sie dort Verkaufssituationen unter dem Aspekt, welches Verkäuferverhalten sich am positivsten auf den Verkauf auswirkt und warum.

Der Flohmarkt als solcher ist deshalb ein ideales Übungsfeld, weil weder die Verkäufer/innen noch die Waren einem feststehenden Regel- bzw. Wertesystem unterworfen sind. Es gibt professionelle

Händler und Privatpersonen, die verkaufen. Dadurch ist der Status der Verkäufer/innen überhaupt nicht definiert. Gesellschaftlich definierter Status fällt als Orientierungskriterium weg. Es zählen nur der natürliche Status und für die, die es beherrschen, der gespielte Status. Auch die Waren haben keinen allgemein festgeschriebenen Wert. Wie viel für ein Produkt gezahlt wird, hängt von der Nachfrage ab und davon, welchen subjektiven Wert eine Ware für jemanden hat.

Der Verkäufer muss, wenn er Erfolg haben will, grundsätzlich *leicht unter dem Status des Käufers* bleiben. Ist der Käufer schüchtern und unsicher, dann muss der Verkäufer sehr tief spielen, damit sich sein Kunde wohlfühlt und an Sicherheit gewinnt. Kommt aber ein nörgeliger, überheblicher Hochstatuskunde, dann muss der Verkäufer sehr hoch spielen, damit der Kunde ihm nicht auf der Nase herumtanzt. Trotzdem darf der Verkäufer auf keinen Fall den Status des Kunden angreifen und *über* dessen Status spielen, denn dann wird der Kunde nichts kaufen, weil er das Gefühl hat, belehrt und im Status herabgesetzt zu werden.

Grundsätzlich gilt: Bei einem Hochstatuskunden muss der Verkäufer so hoch spielen, dass der Kunde Respekt für den Verkäufer empfindet und dadurch den Eindruck gewinnt, der Verkäufer habe Ahnung und seine Ware dadurch einen Wert. Spielt der Verkäufer aber höher als der Kunde, fühlt sich dieser gedemütigt und kauft aus Trotz nichts. Spielt der Verkäufer zu tief, empfindet der Kunde den Verkäufer als »schmierig« und untertänig. Er wird sich sagen: »Was der verkauft, kann ja nichts wert sein.«

Das wichtigste Kriterium dafür, wie viel für etwas gezahlt wird, ist aber die psychologische Verkaufssituation: Ist der Verkäufer ein fähiger Statuswechsler, wird er *alles* verkaufen können – wie auch ein Lehrer als versierter Statuswechsler aus seinen Schülern alles, nämlich das Beste, herausholen kann.

3.5 Raum

Statusverhalten lässt sich nicht unabhängig vom Raum denken. Status ist immer auch räumlich bestimmt.

Jeden Menschen umgibt ein privater Raum. Dies ist sofort spürbar, wenn ein anderer Mensch zu dicht an uns herantritt. Dann dringt er in unseren privaten Raum ein und wir fühlen uns unwohl. Wir werden sofort versuchen, Abstand zwischen uns und der anderen Person herzustellen. Ist dies nicht möglich, weil wir beispielsweise in einem engen Fahrstuhl oder einer überfüllten U-Bahn mit vielen anderen zusammengedrängt stehen, dann wenden wir unseren Blick nach oben oder aus dem Fenster, weil wir unseren privaten Raum nicht verteidigen können, dies als unangenehm empfinden und der Situation ausweichen wollen.

Wenn jemand in unseren privaten Raum eindringt und wir unsere Haltung daraufhin nicht verändern, nicht zurückweichen, sondern dies gelassen mit geöffneter Körperhaltung aushalten, werden wir im Hochstatus wahrgenommen. Wir wirken dann so, als ließen wir uns von einem solchen »Chefgehabe« nicht weiter beeindrucken.

Menschen in einer Gruppe richten ihre Körper fortwährend aneinander aus. Verändert einer seine Haltung, tun dies auch die anderen. Stellen Sie sich eine Gruppe von Leuten an einem Tisch in einem Café vor. Je nachdem, wie die Macht- bzw. Aufmerksamkeitsverhältnisse sind, wenden sich die einzelnen Personen einander zu oder sie richten sich voneinander weg aus. Steht plötzlich ein Mitglied der Gruppe vom Tisch auf und verlässt das Café, verändern alle anderen sofort sehr deutlich ihre Haltung. Je nachdem, welchen »Platz« in der Hierarchie diese Person eingenommen hatte, werden nun die Positionen neu verteilt: Wer ist neuer Mittelpunkt der Aufmerksamkeit? Wer bleibt am Rand? In welchem Abstand gruppieren sich die Einzelnen zum Mittelpunkt des Interesses?

Oder stellen Sie sich einen leeren Strand vor: Der erste Besucher des Strandes hat freie Platzwahl. Er könnte sich überallhin setzen, aber wahrscheinlich wird er einen Platz vor irgendeinem Felsen auswählen oder er wird – wenn überall nur Sand ist – im ersten Drittel des Strandes bleiben. Kommt nun eine zweite Person, wird diese entweder gleich wieder weggehen und sich ärgerlich sagen »Der Strand ist besetzt«, oder sie wird sich einen möglichst weit entfernten Platz suchen, sozusagen ihr Terrain gegen die erste Person abstecken. Würde sie sich in direkter Nähe zum ersten Besucher hinsetzen, müssten beide zwangsläufig miteinander in Kommunikation treten, denn Schweigen oder gegenseitiges Ignorieren würde als unangenehm empfunden werden.

Das Empfinden von Nähe ist abhängig von dem zur Verfügung stehenden Raum. Wenn der Strand dicht besetzt von vielen Menschen ist, kann man sich sehr nah an einen anderen heransetzen, denn der Raum, den ein Mensch für sich beansprucht, wird umso kleiner, je mehr Menschen da sind. Ist der Strand am Ende gnadenlos überfüllt, verhalten sich die Menschen wie im vollen Fahrstuhl: Sie wenden den Blick zum Himmel oder bewusst in ein Buch.

Annäherung hängt also vom Raum ab. Wenn Sie eine Wanderung durch eine menschenleere Landschaft machen und plötzlich kommt Ihnen ein Mensch entgegen, dann müssen Sie zumindest durch ein Nicken oder Lächeln Kommunikation signalisieren, also durch eine Begrüßungsgeste Kontakt aufnehmen. Im drängelnden Weihnachtsgeschäft einer menschenvollen Fußgängerzone können Sie jemanden sogar anrempeln, ohne etwas sagen zu müssen.

Wenn Sie auf einem Bürgersteig entlanglaufen und Ihnen kommt jemand entgegen, dann gibt es an irgendeiner Stelle den Punkt, an dem einer von Ihnen beiden dem anderen ausweichen muss. Aber bereits vorher gibt es zwischen Ihnen einen kurzen Blickkontakt, bei dem Sie sich für den Bruchteil einer Sekunde gegenseitig auf

Statussignale hin abtasten. Derjenige mit dem geringeren Status wird ausweichen. Wenn Sie sich beide für ebenbürtig halten, weichen Sie beide aus. Wenn jeder von Ihnen denkt, er sei dem anderen überlegen, weicht bis zum Schluss keiner aus, bis Sie schließlich voreinander herumtänzeln und dabei verlegen irgendetwas Entschuldigendes murmeln.

In Berlin-Neukölln kann man mitunter männliche Jugendliche beobachten, die mit finsterem, entschlossenem Gesicht die Straße entlanggehen und niemandem Platz machen. Sie marschieren unbeirrt ihres Weges. Wer ihnen nicht ausweicht, wird umgerempelt. Statuskämpfe beginnen hier auf der Straße schon sehr früh und werden gnadenlos ausgetragen.

Wenn man von oben auf eine wimmelnde Menschenmenge blickt, wundert man sich vielleicht, warum eigentlich nie Leute zusammenstoßen. Dies liegt daran, dass jeder Mensch ununterbrochen Statussignale aussendet und auswertet und dementsprechend reagiert – diejenigen mit dem geringeren Status weichen aus. Dies führt zu folgender Grundregel:

> Der Hochstatusspieler beansprucht mehr Raum und missachtet im Zweifel den privaten Raum der anderen.

Wollen Sie also im Hochstatus wahrgenommen werden, müssen Sie Raum für sich beanspruchen und sich diesen wie selbstverständlich nehmen, ohne dabei Rücksicht auf den Raum anderer zu nehmen. Höflich oder sympathisch ist das natürlich nicht, aber es kommt hier, wie auch in den anderen beschriebenen Situationen, nicht auf eine Wertung an, sondern darauf, welches Ziel Sie in welcher Situation erreichen wollen.

Ein anderes Beispiel: Es gibt Menschen, die einen Raum vollkommen beherrschen, ohne dass sie dabei die Grenzen anderer sichtbar missachten. Sie nehmen sich einfach den Raum, indem sie ihn durch ihre starke Präsenz komplett füllen. In solchen Fällen wird oft von Aura gesprochen. Hochstatus entsteht hier durch raumöffnende Gesten und einen ungezwungenen, natürlichen Umgang mit dem Raum. Das bedeutet, den Raum selbstverständlich zu nutzen, als gehöre er einem, und den Eindruck zu vermitteln, man fühle sich im Raum vollkommen zu Hause (selbstverständlich wird aber auch in diesem Fall der Raum der anderen begrenzt). *Hochstatusspieler lassen es zu, dass ihr Raum in andere hineinströmt. Tiefstatusspieler vermeiden dies.*

Tiefstatusgesten wie sich verbeugen, jemandem zu Füßen fallen oder vor jemandem knien sind Gesten, die den eigenen Raum abschotten. Dadurch wird signalisiert: Ich grenze meinen Raum vor deinem deutlich ab: Ich respektiere deinen Raum. Tiefstatusspieler sichern ihren privaten Raum nach außen ab. Daher ist es für Tiefstatusspieler besonders demütigend, wenn man direkt in ihren Raum eingreift und ihnen keine Möglichkeit zum Rückzug lässt. In Stanley Kubricks Film »Full Metal Jacket« lässt ein grausamer Sergeant seinen schwächsten Rekruten strammstehen und brüllt ihn dauernd im Abstand von wenigen Millimetern an.

Dass der Schwächere seinen privaten Raum nach außen abschirmen will, wird auch durch kauernde oder gebeugte Körperhaltungen signalisiert, was zum Ausdruck bringt, dass man sich so klein wie möglich macht, um in brenzligen Situationen »unsichtbar« und gegen eventuelle Angriffe bereits gewappnet zu sein. Im Gegensatz dazu gibt ein Hochstatusspieler seinen privaten Raum preis, indem er mit geöffneten Armen, nach oben gerichteten Handflächen und erhobenem Kopf dasteht. Bei einem eventuellen Angriff wäre er schutzlos ausgeliefert. Aber er demonstriert seine Überlegenheit durch die Sorglosigkeit: Niemand wird mir etwas tun.

Interessant ist es nun, diese Überlegungen auf den Schulraum zu übertragen und zu beobachten, wie sich räumliche Anordnungen auf das Statusverhalten auswirken: Solange in einem Klassenraum Tafel und Lehrerpult frontal zu Schülertischen stehen, wird es sehr schwierig, wenn nicht gar unmöglich für den Lehrer, zum souveränen Statuswechsler zu werden. Der Raum erzeugt rollenspezifisches Statusverhalten. Selbst wenn alle Beteiligten noch so bereitwillig aus diesem Schema ausbrechen wollen: Ein so angeordneter Raum macht Veränderungen nahezu unmöglich. Zu tief sitzt das durch den traditionellen Schulraum konditionierte Verhalten. In einem solchermaßen traditionellen Klassenzimmer

- nimmt der Lehrer mehr Raum ein, als jeder Schüler: Das Pult ist komfortabler und größer als die Schülertische; die Schüler/innen müssen an ihren Tischen sitzen, während sich der Lehrer frei im Raum bewegt;
- geht der Lehrer freier und selbstbewusster mit dem Raum um als die Schüler/innen – zum einen durch seine Bewegungen, zum anderen benutzt er Gegenstände im Raum, während die Schüler/innen erst fragen müssen;
- steht meist der Lehrer und die Schüler/innen sitzen: Sie schauen die meiste Zeit zum Lehrer auf;
- kann der Lehrer jederzeit in den privaten Raum eines Schülers eindringen, was auch laufend geschieht: Zum Beispiel nähert er sich schreibenden Schüler/innen von hinten, ohne dass sie es merken, oder er beugt sich von hinten über einen schreibenden Schüler, sodass dieser seinen Atem im Nacken spüren und im schlechtesten Fall riechen kann, und vieles mehr.

Deshalb begünstigt die räumliche Aufteilung eine Reihe von instinktiven Statusreaktionen:

- Die Schüler/innen nehmen Tiefstatus ein und schotten ihren privaten Raum gegen den Lehrer ab, z. B. durch Kopfhörer in den Ohren oder andere »technische« Beschäftigungen unter dem Tisch oder mit dem Nachbarn.
- Die Schüler/innen nehmen hierarchische Rollen ein, z. B. versucht der »Klassenkasper«, seinen eigenen Status innerhalb der Gruppe zu heben, indem er den Status des Lehrers herabsetzt; der »Streber« versucht, durch sein Verhalten der Nummer eins in der Rangordnung, nämlich dem Lehrer, möglichst nahe zu kommen.

- Dies führt dazu, dass Schüler/innen sich fast ausschließlich rollenspezifisch verhalten. Sie verwenden wesentlich mehr Energie darauf, ihren Status innerhalb der Gruppe zu heben oder zu verteidigen, als darauf, etwas für sich zu lernen. Die Unterrichtsinhalte treten gegenüber den Statuskämpfen deutlich zurück. Dieser Punkt ist wohl jedem Lehrer schon einmal deutlich geworden, wenn er ein privates (informelles!) Gespräch unter vier Augen mit dem »schlimmsten« Schüler der Klasse geführt hat: Plötzlich verhält der sich nämlich ganz nett und zugänglich ...

Bei der Betrachtung eines Klassenraums unter Statusaspekten stellen wir also Folgendes fest:

- Die traditionelle Aufstellung der Schulmöbel unterstützt gesellschaftlich definierten Status, somit rollenspezifisches Verhalten und hierarchische Abgrenzung. Dadurch bleibt dem Lehrer auch eine Vielzahl an individuellen Aspekten der Schülerpersönlichkeiten verborgen.
- Dies wiederum verhindert den Aufbau einer Beziehungsebene zwischen Lehrer/innen und Schüler/innen und setzt die Schüler untereinander unter Stress: Sie müssen fortwährend um ihren Rang innerhalb der Gruppe kämpfen, deren Hierarchie durch den gesellschaftlich definierten Lehrer-Hochstatus vorgegeben ist. Die Schüler/innen definieren sich nun über ihre Haltung zur Nummer eins: Rebelliere ich gegen den Lehrer, ordne ich mich unter, halte ich zur Gruppe oder zum Lehrer ...
- Rollenspezifisches Verhalten bedeutet eine Begrenzung der Verhaltensmöglichkeiten von Schüler/innen.
- Unterrichtsinhalte treten in ihrer Bedeutung für die Schüler/innen weit hinter Statuskämpfe zurück. Lernen wird insgesamt ineffektiver, in Einzelfällen sogar unmöglich.

Eine neue Raumgestaltung hängt natürlich mit einem insgesamt anderen Lernen zusammen.[2] Was Sie aber schon ohne die »große Revolution« jederzeit machen können:

- Werfen Sie Ihr Lehrerpult raus.
- Stellen Sie die Tische und Stühle an die Wände des Klassenraums, sodass jede Schülerin und jeder Schüler einen Schreib- und Arbeitsplatz mit dem Gesicht zur Wand hat (für konzentrierte Einzelarbeit).
- Sie erhalten so einen großen Freiraum in der Mitte des Raumes, in dem Sie mit den Schüler/innen im Kreis sitzen und gemeinsame Aktivitäten, Gespräche oder Spiele durchführen können.
- Verwenden Sie statt der Tafel DIN-A4-Karten, auf denen immer nur jeweils ein Aspekt steht (ein Satz oder ein kurzer Text zu einem bestimmten Thema). Laminieren Sie diese Karten und wenden Sie sie flexibel im Unterricht an. Man kann die Karten auf den Boden legen, kurzfristig im Raum anbringen, bei erfundenen Spiele einsetzen, als Wissensstütze bei gespielten Talkshows nutzen und vieles mehr. Wenn Sie Themen und Unterrichtsinhalte immer mobil zur Hand haben, ergeben sich unzählige Einsatzmöglichkeiten. (Auf ein »Regelplakat«, das an der Wand vor sich hinschimmelt, schaut nach spätestens einer Woche niemand mehr!) Heben Sie diese Karten in »Wissens-Schatzkisten« auf, die für die Schüler immer zugänglich sind.

All diese Veränderungen des Raumes bringen ein produktives Aufbrechen von erstarrtem Rollenverhalten mit sich. Je mehr Sie damit experimentieren, desto mehr Möglichkeiten werden sich Ihnen eröffnen. Dies wird die Qualität der Kommunikation mit Ihren Schüler/innen wesentlich verbessern.

---

2 An dieser Stelle sei auf die konstruktiven Tipps von Ulrike Kegler zur Raum-Umgestaltung samt Konsequenzen für den Unterricht verwiesen, nachzulesen in ihrem Buch »In Zukunft lernen wir anders. Wenn die Schule schön wird« (Kegler 2009, S. 61–91).

3.6 Kommunikation

Wenn Schüler/innen und Lehrer/innen sich rollenspezifisch verhalten, verläuft die Kommunikation im Klassenraum auf vorhersehbaren Bahnen. Besonders deutlich wird das im berühmten »fragend-entwickelnden Unterricht«, bei dem der Lehrer vorher schon weiß, was die Schüler/innen »herausfinden« sollen. Man spricht deswegen auch von »Osterhasenpädagogik«: Der Lehrer versteckt die Eier, die Schüler/innen suchen die »richtigen« Antworten wie Kinder die Ostereier. Da der Lehrer auf ganz bestimmte Antworten wartet, befindet sich in seinem Kopf eine »Richtig-Falsch-Abhakliste«: Jeder Schülerbeitrag, der nicht in das zuvor überlegte Muster passt, wird aussortiert – auch wenn er vielleicht überraschend klug oder kreativ ist. Das frustriert die einen Schüler/innen mehr, die anderen weniger.

Diesen Ablauf durchschauen Schüler/innen schnell. Die einen passen sich diesem System an, stellen sich darauf ein und werden zu »guten« Schülern. Sie lernen, auf den »Gedankenstraßen« des Lehrers zu fahren, und verzichten darauf, nach links oder rechts zu schauen. Die anderen aber rebellieren innerlich dagegen, lehnen sich auf, langweilen sich, entziehen sich, schalten ab. Das sind dann die »schwierigen« Schülerinnen und Schüler. Innerhalb kürzester Zeit richten sich alle in diesen Rollen ein. Der Lehrer ist bestrebt, seinen gesellschaftlich definierten Hochstatus zu wahren und sanktioniert entsprechend »störendes« Verhalten. Dadurch werden aber die »schwierigen« Schüler noch schwieriger, weil frustrierter, und ihre Energie fließt zunehmend in heimliche Pläne, den Status des Lehrers herabzusetzen und das System zu stören.

Damit wird der Unterricht für den Lehrer immer weniger steuerbar: An der Oberfläche geht es um die zuvor geplanten Unterrichtsinhalte. Aber darunter bildet sich zunehmend eine »gefährliche Strömung«. Wenn wir glauben, dass wir die Unterrichtssituation steuern müssten, indem wir unseren Hochstatus im Klassenzimmer behaupten, sitzen wir einem fatalen Irrtum auf:

Eine Situation steuern und »im Hochstatus« sein – das ist nicht dasselbe. Denn viele Lehrer/innen halten ihren Hochstatus im Unterricht – und das Boot fährt trotzdem in eine ganz andere Richtung, um beim Bild der Strömung zu bleiben. Nach außen sieht der Unterricht vielleicht »gesittet« aus, aber die meisten Schüler/innen sind in Wirklichkeit mit ganz anderen Dingen beschäftigt und der Lehrer steuert keineswegs die Situation. Die Schüler/innen lassen ihn (vielleicht) nur in diesem Glauben – sie »tun so, als ob«.

Wenn der Lehrer aber seinen gesellschaftlich definierten Hochstatus aufgibt und die dadurch definierten (engen und festgefahrenen) Rollen ihre Bedeutung verlieren, entsteht allmählich ein anderes System, eine andere Hierarchie. Das passiert automatisch, da Menschen ihren Status immer und ununterbrochen am Verhalten der anderen ausrichten. Aber bei der »neuen« Hierarchie handelt es sich um eine psychologische. Dies beinhaltet die Chance, dass die Schüler/innen eine Rolle finden, die ihnen individuell gerechter wird und bei Weitem mehr Facetten ihrer Persönlichkeit zulässt.

Auch – und gerade – eine solche von rollenspezifischen Zuschreibungen unabhängige Hierarchie braucht eine starke Leitung. Doch in diesem Fall kann nur ein Statuswechsler die Unterrichtssituation steuern, denn nur er kann den Schüler/innen die nötige Bandbreite an individuellen Verhaltensweisen ermöglichen. Alles, was sich zuvor als darunterliegende »Strömung« bemerkbar gemacht hat, kommt jetzt ans Tageslicht und kann konstruktiv für den Unterricht genutzt werden. Die rollenspezifische Kommunikation hat einer psychologischen, individuellen Kommunikation Platz gemacht, bei der sich niemand mehr verstecken oder verstellen muss. Bestes Beispiel für diesen Vorgang ist das auf S. 44 beschriebene Beispiel der störenden Schülerin, deren Verbalattacken sofort in sich zusammenbrechen, sobald sie erkennt, dass sie nicht im rollenspezifischen Lehrer-Schüler-Kontext angesprochen wird, sondern als »sie selbst« – sie fühlt sich im positiven Sinne »ertappt«.

Lehrer/innen, die Statuswechsler sind, haben Zugang zu den tiefer liegenden Potenzialen ihrer Schüler/innen und können mit einer großen Bandbreite an Verhaltensweisen festgefahrene Muster durchbrechen. Sie sind wendige, versierte Spieler, die keine Angst haben, sich zurückzunehmen oder den Schüler/innen Raum zu geben, weil sie wissen, dass es nicht um die Verteidigung ihres Lehrer-Hochstatus geht, sondern um das geschickte Steuern von Situationen. Ob Sie dabei aussehen wie der König auf der Bühne, ist völlig nebensächlich. Viel mehr Möglichkeiten zur Steuerung und Einflussnahme haben Sie, wenn Sie *alle* Rollen beherrschen, also auch den Clown, Diener, Bettler, Artisten, Trottel und so weiter.

Ein schönes Beispiel dafür, dass nicht unbedingt derjenige den Lauf der Dinge bestimmt, der den Hochstatus hat, sondern derjenige, der durch Statuswechsel die Situation beherrscht, ist Inspektor Columbo aus der gleichnamigen Fernsehserie. Der von Peter Falk unnachahmlich »trottelig« gespielte Inspektor verhält sich fast ununterbrochen im Tiefstatus – doch in Wirklichkeit ist er es, der alles steuert und die Fäden in der Hand hält! Das ist auch das Schöne an unserem Beruf: Wir haben alles selbst in der Hand – wenn wir dies wollen. Wir gestalten die Wirklichkeit jeden Tag neu.

Wenn Sie in einem von natürlichem Statusverhalten geprägten Prozess der Statuswechsler sind, dessen Ziel es ist, die Unterrichtssituation zu steuern, können Sie den Mitgliedern Ihrer Gruppe Werte vermitteln, ohne dabei selbst in instinktgesteuerte Statuskämpfe zu verfallen:

- Sie können den Schüler/innen durch Ihr Verhalten vorleben, dass Hochstatus *nicht* immer »besser« ist als Tiefstatus.
- Sie können Ihren Schüler/innen vorleben, dass Autorität nicht durch gesellschaftlich definierten Status vorgegeben ist.
- Sie können Ihre Schüler/innen ermutigen, konstruktive Kritik zu äußern, wo sie angebracht ist – auch an Ihnen selbst –, ohne dass dies als Beleidigung oder Ungehorsam aufgefasst oder gar sanktioniert wird.
- Sie können Ihre Schüler/innen durch geschickte Statuswechsel aus destruktiven Statuskämpfen befreien und ihnen den Blick öffnen für das, worum es wirklich geht: mit und von den ande-

ren lernen, den anderen vertrauen, die eigenen Potenziale zulassen und weiterentwickeln.

Als Statusexperte können Sie das Verhalten Ihrer Schüler/innen verstehen und produktiv darauf reagieren. Da *Sie* jeden Status spielen können, sind Sie in der Lage, Ihren Status etwas unter den eines Schülers zu bringen – oder leicht darüber, je nachdem, was gefragt ist, um ihn aus einer »rollenspezifischen Verhaltensstarre« zu befreien. Sie können sich Ihren Schüler/innen gegenüber so verhalten, wie zwei Freunde im Gespräch, die fortwährend einen unbewussten Statusausgleich vornehmen. Denn Sie müssen mit den Schüler/innen keine Statuskämpfe mehr ausfechten, weil Sie selbst Ihren Status wechseln! Darum müssen Sie auch nicht mehr in der Angst leben, dass Schüler/innen Ihren Status herabsetzen. Sie tun es selbst, und zwar dann, wenn Sie es wollen.

Sie sind Ihren Schüler/innen diesen einen Schritt voraus, wenn Sie es schaffen, eine Grundatmosphäre des gegenseitigen Vertrauens und der Gleichwertigkeit aller Gruppenmitglieder –inklusive Ihrer selbst – zu erzeugen. Und wenn Sie in der Lage sind, Statuskämpfe durch eigenen Statuswechsel zu beenden. Das Ziel ist eine fruchtbare Kommunikation »auf Augenhöhe« – dieser Begriff ist zwar überstrapaziert, aber in diesem Zusammenhang absolut treffend. Wie kann diese neue Haltung in der Praxis aussehen?

Ein Schüler geht an meine Federtasche und klaut mir einen Stift. Er rennt damit außer Reichweite und schaut mich dann provozierend an – ein klarer Fall von destruktivem rollenspezifischem Verhalten: Es ist ihm wichtiger, seinen Status innerhalb der Gruppe zu heben, indem er meinen senkt, als sich konstruktiv einzubringen und für sich zu denken.

Ich wende mich diesem Schüler (tatsächlich) freundlich lächelnd zu und sage: »Den schenke ich dir!« – Und weiter geht's.

Zur weiteren Sensibilisierung für gelingende bzw. auch nicht gelingende Kommunikation unter dem Aspekt Statuskämpfe können Sie alltägliche Gespräche gezielt unter diesem Aspekt beobachten:

Wo gelingt Kommunikation und wo werden nur Positionen verteidigt? Wo geht es nur um die Plätze innerhalb einer Hierarchie und wo geht es wirklich um Inhalte?

Wie schon erwähnt, findet gelungene Kommunikation nur dort statt, wo alle Gesprächspartner einen *Statusausgleich* unter sich herstellen und rollenspezifische, hierarchische Muster außer Kraft gesetzt sind. Zwei Freunde sind in einem Gespräch immer bestrebt, sich *nicht* über den Status des anderen zu erheben. Sobald ein Kampf um den Status entsteht, geht es in einem Gespräch nämlich nicht mehr um die Inhalte, sondern um die Verteidigung und Durchsetzung von Machtansprüchen. Eine bereichernde, konstruktive Kommunikation kann dann nicht mehr stattfinden.

Auch dies lässt sich deutlich im Alltag beobachten. Nehmen Sie z.B. eine Lehrerkonferenz. Achten Sie in der Konferenz darauf, ob Statuskämpfe stattfinden und wie sich das auf die allgemeine Kommunikation auswirkt. Denn solange sich innerhalb eines Kollegiums Machtkämpfe abspielen, wird es immer nur darum gehen, wer auf welcher Seite steht und welches »Lager« bessere Karten bei der Schulleitung hat – wer also in der Hierarchie die (vermeintlich) höhere Position innehat. Inhalte treten gegenüber solchen Statuskämpfen immer in den Hintergrund.

Nur ein Schulleiter, der ein versierter Statuswechsler ist, kann solche Kommunikationsblockaden auflösen, indem er gesellschaftlich definierten Status nicht mehr zum bestimmenden Faktor der Hierarchie macht. Und erst, wenn ein Kollegium in Gesprächstechniken professionell geschult ist und alle Mitglieder sich gegenseitig respektieren und wertschätzen, werden Statuskämpfe überflüssig (und lächerlich). Mit anderen Worten: Erst wenn eine »Freund-Freund-Situation« hergestellt ist, kann man anfangen, sich ernsthaft über Inhalte zu unterhalten. Erst dann können Gesprächsbeiträge hinsichtlich ihrer Fruchtbarkeit für ein gemeinsames Ziel hin wahrgenommen, genutzt und weitergeführt werden (siehe auch das Kapitel zum Statusverhalten im Lehrerkollegium, S. 156).

Aus diesem Grund sind übrigens sogenannte informelle Gespräche oft wesentlich ertragreicher als eine »formelle Sitzung«: Bei Letzterer tendieren Menschen dazu, Statuskämpfe auszutragen, statt tatsächlich gemeinsam auf ein Ziel hin zu arbeiten.

3.7 Beziehungen herstellen

> »Die Schule scheitert an der Unfähigkeit der Beteiligten, die wichtigste Voraussetzung für gelingende Bildung zu schaffen: konstruktive, das Lernen befördernde Beziehungen.« (Joachim Bauer in »Lob der Schule«, S. 12)

Wie im vorangegangenen Kapitel beschrieben, wird durch Statuskämpfe die Aufnahme von Lerninhalten ungünstig beeinflusst und sowohl Lehrer/innen als auch Schüler/innen in ihrem Verhaltensrepertoire stark eingeschränkt. Deswegen müssen wir durch bewussten Statuswechsel rollenspezifisches Verhalten Schritt für Schritt abbauen. Dies aber kann uns auf Dauer nur gelingen, wenn wir es irgendwie schaffen, *eine Beziehung zu unseren Schülern herzustellen, die über das rollenspezifische Lehrer-Schüler-Verhältnis hinausgeht.*

Der erste Schritt beginnt – mal wieder – bei uns selbst. Ich persönlich glaube, dass wir die Schüler/innen mögen müssen. Darüber kann man geteilter Ansicht sein. Eines ist jedoch sicher: Wenn wir ehrliche Sympathie für unsere Schüler/innen entwickeln können, dann haben wir es wesentlich leichter, denn Jugendliche tasten uns sofort auf kleinste Signale von Ablehnung oder Zuneigung ab. Fühlen sie sich intuitiv von uns abgelehnt, wird es sehr schwierig, eine Beziehung zu ihnen herzustellen.

Wenn Sie aber der Ansicht sind, dass man als Lehrer/in seine Schüler/innen nicht unbedingt persönlich mögen muss, folgt daraus, dass Sie dann aber sehr gut schauspielern müssen. Denn Ihre Schüler/innen müssen das Gefühl haben, von Ihnen gemocht und wertgeschätzt zu sein. Ansonsten wird weder ein Lern- noch ein Erziehungsprozess gelingen. Dazu noch einmal Joachim Bauer (2007, S. 19):

> »Neueste neurobiologische Studien zeigen: Entscheidende Voraussetzungen für die biologische Funktionstüchtigkeit unserer Motivationssysteme sind das Interesse, die soziale Anerkennung und die persönliche Wertschätzung, die einem Menschen von anderen entgegengebracht werden.«

Wenn wir nicht in der Lage sind, den Jugendlichen ehrliche Wertschätzung, Interesse, Neugier und Sympathie entgegenzubringen, müssen wir uns nicht wundern, wenn wir als Lehrer/in scheitern. Gerade durch meine Erfahrung mit »schwierigen« Jugendlichen weiß ich, dass das manchmal nicht leicht ist. Im Angesicht von provozierenden, beleidigenden Jugendlichen, die gerade ganz dringend einen Statuskampf mit uns austragen wollen, ist viel Kraft und innere Gelassenheit gefragt.

Dann gilt es, uns immer wieder neu daran zu erinnern, dass das Verhalten der Jugendlichen in den seltensten Fällen persönlich gemeint ist, dass es vielmehr verschiedene *ernst zu nehmende* Gründe dafür gibt (entwicklungspsychologische Voraussetzungen; schlechte, teilweise traumatisierende Erfahrungen mit wichtigen Bezugspersonen; Verlusterfahrungen; belastende private Situationen; Häufung von demütigenden Erfahrungen in der Schule und Ähnliches mehr) und dass die Jugendlichen sich oft nicht anders verhalten *können*, als sie es tun. Jemanden, der sich das Bein gebrochen hat, würden wir ja auch nicht die Straße entlanghetzen, dabei »Schneller! Schneller!« rufen und dann darüber empört sein, dass er nicht ankommt. Es geht hier nicht darum, das Verhalten mancher Jugendlicher zu rechtfertigen oder zu entschuldigen. Es geht ausschließlich darum, es zu verstehen. Denn das ist für uns ein erster Schritt, unseren inneren Frust darüber zu überwinden und Kraft zu sammeln, um auch Verständnis für sogenannte verhaltensauffällige Schüler aufzubringen oder – noch besser – eine gewisse Sympathie für sie zu entwickeln.

Wenn ein Lehrer die (anfängliche) Erwartungshaltung seiner Schüler/innen durchbricht, indem er freundlich und geduldig ist und sich *nicht* an seinen gesellschaftlich definierten Hochstatus klammert, so braucht er dabei einen langen Atem und darf nicht gleich aufgeben, wenn die erwünschten Reaktionen seitens der Jugendlichen nicht sofort eintreten. Er darf sich nicht wie ein Verlierer fühlen, nur weil Erfolge auf sich warten lassen oder Kolleginnen und Kollegen lästern, er wolle sich bei den Schülern »einschleimen« oder könne sich ja nur nicht durchsetzen. Er darf sich auch von seinen Schüler/innen nicht provoziert fühlen, um dann doch noch hart »durchzugreifen», denn damit würde er nur in die alten Statuskämpfe einsteigen, die es doch zu überwinden gilt.

Aller Anfang ist schwer und die ersten drei Monate mit neuen Schüler/innen sind am schwersten. Das ist sozusagen »normal«. Denn die Schüler/innen spielen zunächst einmal ihr ganzes Repertoire an rollenspezifischen Verhaltensweisen ab. Sie trauen dem Braten ganz einfach nicht und ziehen noch eine ganze Weile alle destruktiven Register, um sich selbst zu beweisen, dass ihre Erwartungshaltung richtig ist, auch dieser Erwachsene wieder die Nerven mit ihnen verlieren und sie aufgeben wird.

Aber in Wirklichkeit hoffen sie auf das Wunder. Sie hoffen, dass dieser Lehrer sie erkennt, durchschaut und dann dennoch mag und für sie kämpft. Sie hoffen, dass sie verstanden und angenommen werden. Sie hoffen, dass dieser Lehrer kein Verlierer, kein »Opfer« ist. Denn sie brauchen jemanden, den sie bewundern und gleichzeitig bekämpfen können. Sie brauchen jemanden, an dem sie sich orientieren können, vielleicht sogar jemanden, den sie lieben können, weil sie sich von ihm angenommen fühlen.

Anfangs werden wir von unseren Schüler/innen nicht in unserer Persönlichkeit wahrgenommen, sondern in unserer Rolle als (Hochstatus-)Lehrer. Wir müssen zunächst eine Art Durststrecke überstehen, bis wir ihr Vertrauen gewonnen haben. Während dieser Durststrecke sind wir am anfälligsten dafür, in Selbstmitleid zu verfallen und eine Opferhaltung einzunehmen: »Ich gebe mir doch so viel Mühe, aber mit diesen Schüler/innen geht es eben nicht.«

Aber es gibt einige Dinge, die die Anfangszeit sehr erleichtern können: Als Theaterlehrer/in kennt man vielleicht eine Vielzahl wirklich unterhaltsamer Spiele, ansonsten kann man sich auch einfach an seine Kindheit erinnern. Die alten Spiele, z. B. Verstecken, funktionieren noch immer: Erst wenn man atemlos lachend mit den Schüler/innen zwischen den Autos eines Parkplatzes herumtobt, bekommt man eine Vorstellung davon, was eine »Beziehung auf Augenhöhe« mit den Jugendlichen bedeuten kann. Damit fängt es an. Alle Spiele, Ausflüge und Unternehmungen, die uns den Jugendlichen näherbringen, erleichtern den späteren Arbeitsprozess. Bevor wir uns also in der Schule treffen, um zu arbeiten, sollten wir erst einmal zusammen Fußball spielen.

Im Übrigen erleichtert ein Raum außerhalb der Schule auch den spielerischen Einstieg in den Statuswechsel. Außerhalb der Institution Schule fallen viele negativ assoziierte »Lehrerattribute« von uns ab. So lässt sich der »gesellschaftlich definierte Lehrer-Hochstatus« viel leichter abschütteln und man kann zum natürlichen bzw. gespielten Status wechseln.

Ein kleiner Tipp zum Schluss: Stellen Sie sich jeden einzelnen Ihrer Schüler/innen als Hauptfigur in einem großen Kinofilm vor. Versuchen Sie die »Geschichte« hinter jedem Kind und Jugendlichen zu erahnen und mit der Zeit so viel wie möglich darüber zu erfahren. Je mehr Sie wissen, desto mehr verstehen Sie. Und wen man kennt und versteht, den wird man auch mögen.

4 Statuswechsel im Alltag

Die folgenden Beispielsituationen sollen als Anregung dienen, Statusverhalten im Alltag zu erkennen und im konstruktiven Sinne spielerisch damit umzugehen. Vielleicht trauen Sie sich auch, das ein oder andere im Alltag selbst auszuprobieren.

Die ersten Beispiele sind als kleine »Trainingseinheiten« gedacht, um in alltäglichen Situationen ein Gefühl dafür zu entwickeln, wie es sich anfühlt, im Hoch- bzw. im Tiefstatus zu agieren.

In den Beispielen aus der Schule geht es darum aufzuzeigen, wann ein Statuswechsel Ihrerseits die Beziehungsebene zu Ihren Schülern verbessern, die Kommunikation mit Kollegen und Eltern erleichtern und insgesamt Ihren »Auftritt« in der Schule professionalisieren kann.

4.1 Übungsbeispiele aus dem Alltag

Hochstatus beim Bäcker

Sie betreten den Laden in angemessener Ruhe, Körperhaltung aufrecht und entspannt. Sie bewegen sich ruhig und zielgerichtet. Sie schauen die Verkäuferin direkt an und lächeln. Die Verkäuferin grüßt. Sie erwidern den Gruß klar und in angemessener Lautstärke (nicht murmeln). Sie betrachten ungehetzt die Auslage und geben die Anzahl der Brötchen an, die Sie kaufen möchten. Sie wählen anschließend bewusst und zielgerichtet die Brötchen aus, die Sie haben wollen. Dabei lassen Sie sich Zeit. Sie lassen sich von niemandem in Ihrer Wahl beeinflussen.

Für Fortgeschrittene: Sie führen dabei einen kleinen Small Talk mit der Verkäuferin. Darin bestimmen *Sie* Thema und Dauer des Gesprächs.

Sie nehmen sich Zeit, das passende Kleingeld abzuzählen. Dabei wirken Sie entspannt und souverän. Sie prüfen das Wechselgeld, packen Ihre Brötchen ein, verabschieden sich freundlich und mit offenem Blickkontakt von der Verkäuferin und verlassen das Geschäft.

Tiefstatus beim Bäcker

Sie eilen in den Laden und bleiben mit Ihrer Tasche an der Tür hängen. Sie ruckeln hektisch daran herum und stolpern schließlich etwas atemlos herein. Sie nicken verhuscht in Richtung der Verkäuferin und betrachten dann nägelkauend und sich die Haare dauernd aus dem Gesicht schiebend die Brötchen in der Auslage. Sie können die Frage, wie viel Brötchen es denn sein sollen, nicht beantworten und entscheiden sich mehrmals um. Die Verkäuferin greift mehrmals zu neuen Papiertüten-Formaten. Es ist Ihnen unangenehm, wie die Verkäuferin so vor Ihnen steht und wartet. Deswegen zeigen Sie hastig auf irgendwelche Brötchen, bei denen Sie schon im gleichen Moment bereuen, sie ausgewählt zu haben: »Ach – dann nehm ich doch noch das mit den Körnern dazu ...« Sie fangen an, jeden einzelnen Ihrer Gedankengänge laut zu formulieren, sodass die Verkäuferin an Ihren schwierigen Entscheidungsprozessen gezwungenermaßen teilnehmen muss. Durch dieses Herumgestammel wollen Sie die Wartezeit der Verkäuferin irgendwie »überbrücken«. Sie lassen sich von der Verkäuferin noch Kuchen im Angebot und Quarkbrötchen mit Rosinen »aufquatschen«, obwohl Sie die gar nicht mögen. Beim Bezahlen fangen Sie an, Münzen abzuzählen, aber als Sie damit fast fertig sind, verlieren Sie die Nerven, lassen die Münzen zurück ins Portemonnaie fallen und nehmen doch den großen Schein. Auf die Frage »Brauchen Sie eine größere Tüte?« antworten Sie hastig: »Nein, nein – es geht auch so.« Sie greifen die Brötchentüte und verlassen – einen kurzen Abschiedsgruß murmelnd – hastig das Geschäft.

Dieses eher humoristisch gemeinte Bäcker-Beispiel lässt sich in vielen verschiedenen Abstufungen in allen erdenklichen Einkaufssituationen praktisch erproben.

Gespräch beim Chef

Lesen Sie folgenden Dialog. Beim ersten Lesen werden Sie eine bestimmte Vorstellung davon haben, wer wann im Hoch- oder im Tiefstatus agiert. Der Text allein legt zwar einige Vermutungen nahe. Trotzdem kann jeder Satz in diesem Dialog sowohl im Hoch- als auch im Tiefstatus gespielt werden. Um dies zu verdeutlichen, werde ich zwei verschiedene Varianten durch Erläuterungen in Klammern vorstellen. Noch mehr Varianten können Sie entdecken, wenn Sie sich den Spaß machen, diese kleine Szene mit einer Person Ihres Vertrauens tatsächlich zu spielen. Das hätte den Vorteil, dass Sie direkt auf das Verhalten Ihres Spielpartners reagieren müssten, was den Übungseffekt verstärkt.

Ort des Gesprächs: Büro beim »Chef« (aus Johnstone 2002, S. 82)

CHEF: Herein! Ach, Herr Schmidt, setzen Sie sich. Ich nehme an, Sie wissen, warum ich Sie habe rufen lassen?

SCHMIDT: Nein, eigentlich nicht ...

Der Chef schiebt eine Zeitung über den Tisch zu Herrn Schmidt.

SCHMIDT: Ich hatte gehofft, das würde Ihnen nicht vor die Augen kommen.

CHEF: Sie wissen, wir können niemanden beschäftigen, der vorbestraft ist.

SCHMIDT: Können Sie bei mir nicht eine Ausnahme machen?

CHEF: Auf Wiedersehen, Herr Schmidt.

SCHMIDT: Ihren Scheiß-Job wollte ich eh nie!

Geht ab.

Die naheliegendste Variante ist zunächst, den Chef im Hochstatus, Herrn Schmidt im Tiefstatus zu spielen:

Variante 1

Der Chef sitzt entspannt und »raumfüllend« an seinem Schreibtisch. Es klopft.

CHEF: Herein!

Herr Schmidt schiebt vorsichtig seinen Kopf durch den Türspalt und »lugt« ängstlich in den Raum. Dann tritt er zaghaft ein und bleibt unschlüssig an der Tür stehen.

CHEF: Ach, Herr Schmidt, setzen Sie sich.

Herr Schmidt nimmt vorsichtig und umständlich auf der vorderen Sitzkante des Stuhls Platz. Seine Körperhaltung ist asymmetrisch, er hält den Kopf gesenkt und traut sich nicht, den Chef direkt anzusehen. Er wirft ihm nur immer mal wieder einen kurzen scheuen Blick zu, um dann gleich wieder auf den Boden zu sehen.

CHEF: Ich nehme an, Sie wissen, warum ich Sie habe rufen lassen?

SCHMIDT: Nein, eigentlich nicht ...

Der Chef schiebt die Zeitung über den Tisch.

SCHMIDT: Ich hatte gehofft, das würde Ihnen nicht vor die Augen kommen.

Herr Schmidt »wringt« seine Hände und zieht die Nase hoch.

CHEF: Sie wissen, wir können niemanden beschäftigen, der vorbestraft ist.

Herr Schmidt fährt sich mit der Hand übers Gesicht, bricht dann schnell und leise hervor:

SCHMIDT: Können Sie bei mir nicht eine Ausnahme machen?

Chef lehnt sich nach hinten, mustert Herrn Schmidt und sagt dann laut und unmissverständlich:

CHEF: Auf Wiedersehen, Herr Schmidt.

Herr Schmidt bricht in Tränen aus.

SCHMIDT: Ihren Scheiß-Job wollte ich eh nie!

Herr Schmidt flüchtet schluchzend aus dem Zimmer und knallt die Tür hinter sich zu (Tiefstatus).

In dieser Variante hätte der Chef alles im Hochstatus, Herr Schmidt alles im Tiefstatus gespielt. Für Herrn Schmidt bietet es sich aber an, den letzten Satz (»Ihren Scheiß-Job wollte ich eh nie!«) plötzlich im Hochstatus zu spielen. Dann würde er nicht weinen, sondern sich aufrichten, den Chef direkt anblicken, eventuell sogar grinsen und ihm einen Stinkefinger zeigen, dann den Satz laut und deutlich sprechen und selbstbewusst den Raum verlassen.

Variante 2

Der Chef sitzt an seinem Schreibtisch und arbeitet. Herr Schmidt betritt selbstbewusst und ohne zu klopfen den Raum (Hochstatus!). Der Chef wirkt irritiert und sagt ironisch:

CHEF: Herein!

Dies muss er in eher erzieherischem Ton sagen, denn Herr Schmidt ist ja bereits von selbst hereingekommen. Herr Schmidt sieht sich gut gelaunt im Raum um, geht erst einmal zum Fenster, schaut raus, schreitet dann entspannt durch die Mitte des Zimmers auf den Schreibtisch des Chefs zu (Hochstatus dem Raum gegenüber).

Dieses Hochstatusverhalten von Herrn Schmidt senkt automatisch den Status des Chefs. Er müsste nun eigentlich Herrn Schmidt in die Schranken weisen, um seinen Hochstatus zu halten. Doch bevor er Herrn Schmidt auffordern kann, sich zu setzen, hat dieser bereits selbstsicher vor ihm Platz genommen. Der Chef kann nur noch nahezu zeitgleich (hinterher)murmeln:

CHEF: Ach, Herr Schmidt, setzen Sie sich doch.

Herr Schmidt beherrscht also nicht nur den Raum, er beherrscht auch die Zeit, denn bisher setzt er die Impulse für das Geschehen, nicht der Chef. Der Chef versucht, seinen Status zu heben, indem er Herrn Schmidt direkt und herausfordernd anblickt und einen festen, strengen Ton anschlägt:

CHEF: Ich nehme an, Sie wissen, warum ich Sie habe rufen lassen?
SCHMIDT: Nein, eigentlich nicht ...
Der Chef schiebt die Zeitung über den Tisch; Herr Schmidt betrachtet sie mit einer achtlosen »Ach, das!«-Geste, zuckt unbekümmert mit den Schultern, nimmt sich einen auf dem Schreibtisch herumliegenden Stift und dreht ihn spielerisch und scheinbar gelangweilt zwischen seinen Fingern (Hochstatus dem Raum des Chefs gegenüber: Er nimmt sich einfach einen Stift des Chefs!). Dann schaut er provokant in das Gesicht des Chefs und antwortet bewusst gedehnt:
SCHMIDT: Tja, ich hatte gehofft, das würde Ihnen nicht vor die Augen kommen.
Dann zwinkert Herr Schmidt dem Chef belustigt zu, so als wären sie Kumpels und der Chef solle sich jetzt mal nicht wegen so einer Lappalie aufregen. Der Chef versucht, die »Frechheit« von Herrn Schmidt zu ignorieren und beruft sich auf die feststehenden »Regeln«:
CHEF: Sie wissen, wir können niemanden beschäftigen, der vorbestraft ist.

Wenn Herr Schmidt jetzt weiterhin die Zügel in der Hand behalten will, muss er einen Statuswechsel vornehmen und Tiefstatus spielen:

Herr Schmidt legt den Stift zur Seite, rückt auf seinem Stuhl auf die vordere Kante, neigt den Kopf zur Seite (asymmetrische Körperhaltung), schaut den Chef von unten her flehend an, knetet dabei seine Finger und fragt in bittendem Tonfall:
SCHMIDT: Können Sie bei mir nicht eine Ausnahme machen?

Dieser Statuswechsel macht es für den Chef sehr schwierig, hart zu bleiben, denn dann steht er wie ein Unmensch da. Er muss nun noch mehr Kraft als vorgesehen aufwenden, um seine Interessen durchzusetzen. Er wird wahrscheinlich – ausgelöst durch den Tiefstatus von Herrn Schmidt – ebenfalls seinen Status senken:

Der Chef sagt mit beschwichtigendem, fast tröstendem Ton, den Kopf leicht gesenkt:

CHEF: Auf Wiedersehen, Herr Schmidt.

Im Tiefstatus geäußert klingt das nun entschuldigend, so als sei es dem Chef selbst ganz peinlich, dass er das sagen muss. Nun wird Herr Schmidt sehr wahrscheinlich wieder in den Hochstatus gehen, denn offenbar ist er ein Statuswechsler:

Herr Schmidt erhebt sich, tritt nah an den Tisch heran (aufrechte, symmetrische Körperhaltung), blickt den Chef wieder mit belustigtem Ausdruck an und sagt leise und sehr deutlich:

SCHMIDT: Ihren Scheiß-Job wollte ich eh nie!

Langsam und gemessenen Schrittes verlässt er das Büro und schließt leise die Tür hinter sich (Hochstatus).

Weitere Möglichkeiten ergeben sich, wenn man den Chef von Anfang an deutlich im Tiefstatus spielt, so als wäre er ein Eindringling in seinem eigenen Büro. Man müsste ihm sofort anmerken, dass er sich sichtlich unwohl und überfordert fühlt. Interessant wäre es dann, Herrn Schmidt ebenfalls im Tiefstatus zu spielen und Varianten zu erproben, wer wann den Status wechselt und wie dies den Fortgang des Dialogs beeinflusst. Auch beide im Hochstatus zu spielen ist spannend, denn dann entsteht ein »Statusgerangel«, das entweder in einem offenen Konflikt oder in einem Absturz in den Tiefstatus endet.

Wichtig bei dieser Übung ist, dass der Text nicht verändert werden darf, denn es geht hier ja ausschließlich um körpersprachliche Signale. Wie Sie aber sicherlich schon anhand dieses kleinen »Probetextes« gemerkt haben, bestimmen die nonverbalen Verhaltensweisen den Verlauf eines solchen Gesprächs sehr wesentlich. Wären Sie in einem realistischen Gespräch mit Ihrem »Chef«, in dem der Text ja vorher nicht festgelegt ist, können Sie sich nun vielleicht vorstellen, wie Sie den Ausgang eines solchen Gesprächs durch Ihr Statusverhalten beeinflussen können …

Machtkampf in der WG

Wir stellen uns zwei WG-Kollegen in ihrer gemeinsamen Wohnung vor. B kommt nach Hause und fragt A, ob Post für ihn angekommen sei. A sagt, es liege ein Brief für ihn auf der Kommode. B nimmt den Brief und sieht, dass er geöffnet worden ist. A macht B's Briefe immer auf, was zu Konflikten zwischen den beiden führt (aus Johnstone 2002, S. 84):

B: Warum hast du meinen Brief aufgemacht?
A: Ist er offen?
B: Immer machst du meine Briefe auf!
A: Ich weiß nicht, wer das gemacht hat.
B: Sonst ist doch keiner hier gewesen!

In der folgenden Version wird durch den Text, also die Sprache, Hochstatus vorgegeben:

A sitzt entspannt mit den Füßen auf dem Tisch da und liest Zeitung. B baut sich empört vor A auf und fragt in strengem, forderndem Tonfall:
B: Warum hast du meinen Brief aufgemacht?
Auf B's Frage reagiert A zunächst gar nicht. Ohne aufzublicken und so, als störe ihn B mit langweiligen Fragen, sagt er mit Unschuldsmiene:
A: Ist er offen?

Sowohl durch die Körpersprache als auch durch die folgende Äußerung ignoriert A das Anliegen von B. Er gibt B keinen Raum (Hochstatus).

B tritt ganz nahe an A heran und erhebt die Stimme ein wenig:
B: Immer machst du meine Briefe auf!

B dringt in A's Raum ein und nimmt damit, ebenso wie mit der erhobenen Stimme, Hochstatus ein. A wird, wenn er weiterhin im Hochstatus bleibt, darauf keine Reaktion zeigen: Er schottet seinen Raum nicht gegen B ab (Tiefstatus), sondern präsentiert sich »schutzlos« und weiterhin offen und entspannt, d. h. er nimmt die Füße nicht vom Tisch oder verändert auf andere Weise seine Körperhaltung. Ganz im Gegenteil: Er liefert sich B vollkommen aus.

A nimmt die Zeitung runter und sieht B ganz offen, entspannt und »ahnungslos« an, während er selbstbewusst und ruhig sagt:
A: Ich weiß nicht, wer das gemacht hat.

Da es offensichtlich ist, dass A »schuldig« ist, fasst B dessen Hochstatusverhalten als Frechheit auf. B erwartet, dass A sich entschuldigt und deutliches Tiefstatusverhalten zeigt. Da dies nicht passiert, sondern A ihn sogar noch herausfordert, beginnt ein Statuskampf bzw. Statusgerangel. Weil beide ihren Hochstatus weiter heben, ist keine Deeskalation in Sicht.

B reißt A die Zeitung aus der Hand und brüllt ihn aus nächster Nähe laut an:
B: Sonst ist doch keiner hier gewesen!

Indem er ihm die Zeitung wegreißt, dringt B noch weiter in den Raum von A ein. Da A aber ganz offensichtlich kein Tiefstatusspieler ist, wird er sich von diesem Hochstatusverhalten nicht gedemütigt fühlen und nicht ausweichen. Eher wird er B durch weiter gespielten Hochstatus (Ruhe und Gelassenheit) in die Weißglut treiben, sodass B wahrscheinlich irgendwann auf ihn losgeht. Das Verhalten von A ist also nicht sehr geschickt, weil er wahrscheinlich Opfer eines Wutausbruchs wird. Daher denken wir uns nun eine andere Variante mit verändertem Text, in der A in den Tiefstatus geht, und dabei klüger agiert:

B kommt nach Hause, sieht, dass sein Brief offen ist, baut sich vor A auf und fragt:
B: Hast du meinen Brief aufgemacht?
A guckt schuldbewusst und antwortet leise:
A: Ja.

B ist nun verdutzt und entwaffnet. Er muss neue Energie sammeln, um weiter empört bleiben zu können:

B: Ja?
A: Ja.
B: Und warum hast du das getan?
A: Ich wollte sehen, was drinsteht.

B verliert durch diese Tiefstatushaltung von A an Kraft und tendiert nun dazu, selbst in den Tiefstatus zu gehen. Vielleicht lehnt er sich an die Wand und schaut zu Boden. Vielleicht sammelt er aber doch noch mal Kraft für einen neuen Angriff:

B tritt auf A zu und brüllt:
B: Wie kannst du es wagen, meine Briefe aufzumachen?

Wenn A ungeschickt wäre, würde er jetzt sauer auf diesen Angriff reagieren und zum Gegenangriff übergehen. Er würde wieder in den Hochstatus gehen, was zur selben Eskalation wie oben führen würde. Also lassen wir A weiterhin klug im Tiefstatus reagieren:

A nimmt eine kauernde, asymmetrische Haltung ein, weicht leicht zurück, schaut B seitlich von unten her an und sagt leise:
A: Du bist zu Recht sauer. Ich bin ein Scheißkerl.

Durch A's untertäniges Verhalten wird B in eine »Tiefstatusschraube« gezwungen: Er kann nun immer weniger angreifen, ohne sich selbst wie ein »Arschloch« zu fühlen. Er verliert immer mehr Angriffsenergie. Wenn der Abstand zwischen Hochstatus- und Tiefstatusverhalten zu groß wird, verliert der Hochstatusspieler an

Macht. Dies entspricht dem Verhalten von hierarchisch organisierten Tieren, z. B. Wölfen: Wenn ein Wolf sich bei einem Kampf mit einem Artgenossen plötzlich zu Boden wirft und seine Kehle preisgibt, kann der andere Wolf nicht mehr zubeißen. Er kann den am Boden liegenden Wolf nicht töten. In unserem Beispiel kann B nicht mehr weiter angreifen – auch wenn seine anfängliche Wut ihn zu weit mehr getrieben hätte –, weil A in den absoluten Tiefstatus geht. Nachdem A also selbst von sich sagt, er sei ein »Scheißkerl«, geht es wahrscheinlich folgendermaßen weiter:

B mit leiserer Stimme und deutlich verblassender Angriffsenergie:
B: Ich habe dir gesagt, du sollst meine Briefe nicht aufmachen!
A macht sich immer »kleiner«, kauert.
A: Ich mache das immer.
B: Wie bitte?

Weil B's Wut nun noch einmal aufflammt und er anfängt, A zu schütteln, wird A – wenn er im Tiefstatus bleiben will – noch weiter runtergehen:

A fängt an zu weinen und schluchzt:
A: Du hast ja recht! Du hast ja recht!

In dieser Situation wäre es für A höchst riskant, seinen Status plötzlich wieder zu heben, denn dann würde es wirklich gefährlich für ihn. Bleibt er aber schluchzend und am Boden zerstört im Tiefstatus, wird B seine Angriffsenergie verlieren und sich irgendwann erschöpft auf ein Sofa fallen lassen. B wird sogar den Drang verspüren, A zu trösten! Wenn man bedenkt, wie die Situation angefangen hat, ist es beachtlich, was A durch sein Tiefstatusverhalten für sich aus der Situation »herausgeholt« hat.

4.2 Status im Unterricht

Grundsätzliches

Ein allgemeiner Tipp am Anfang: *Vermeiden Sie, soweit es möglich ist, typisch rollenspezifische Lehrerverhaltensweisen.* Denn diese werfen Sie immer auf den gesellschaftlich definierten Lehrer-Hochstatus zurück, was zur Folge hat, dass auch die Jugendlichen ihr übliches rollenspezifisches Verhaltensrepertoire abspulen, sich Ihnen ansonsten aber verschließen. Manche Schüler/innen sind wahre Experten darin geworden, den Status ihrer Lehrer/innen im typischen Lehrer-Schüler-Rollenverhalten anzugreifen. Sie haben jahrelang »trainiert« und kennen alle üblichen Lehrerverhaltensweisen. Fruchtbare, für das Lernen produktive Beziehungen zwischen Lehrer/innen und Schüler/innen werden durch diese unproduktiven Statuskämpfe verhindert. Versuchen Sie daher, Ihre Schüler/innen mit ungewohntem Statusverhalten zu »entwaffnen«. Grundsätzlich gilt: *Verhalten Sie sich natürlich und den Schüler/innen zugewandt. Geraten Sie in »schwierige Situationen« (Statusangriffe), entziehen Sie sich durch gespielten Statuswechsel.*

Versuchen Sie insbesondere, folgende rollenspezifische Verhaltensweisen zu vermeiden:

- Sie betreten den Klassenraum, gehen zum Lehrerpult und legen dort Ihre Tasche ab. Dann gehen Sie zur Tafel und schreiben Ihren Namen an.
  Beginnen Sie stattdessen im Stuhlkreis. Starten Sie beispielsweise ein Spiel zum Kennenlernen und stellen Sie sich im Rahmen des Spiels vor. Ihre Autorität entsteht dann nicht durch eine zeitlich und räumlich begünstigte Hochstatussituation (vorne an der Tafel), sondern durch Ihr souveränes, sicheres und entspanntes Auftreten im Spiel mit den Schüler/innen.
- Vermeiden Sie folgende Sätze: »Jetzt fangen wir mal an«, »Ruhe bitte«, »Seid doch mal leise«, »Wer von euch hat denn schon mal …?«, »Pscht!«, »Das habe ich doch schon dreimal erklärt«,

»Könntet ihr bitte *einmal* zuhören?«, »Jetzt wollen wir mal sehen, ob …«. Sie kennen sicher viele solcher Sätze. *Versuchen Sie, diese typischen Lehrerphrasen zu vermeiden.*
Wenn Sie anfangen, darauf zu achten, werden Sie merken, wie viele solcher Sätze wir automatisch jeden Tag wiederholen. Lernen Sie wieder »richtig« zu sprechen, sprechen Sie Ihre Schüler/innen also differenzierter und individueller an. Vielleicht ist es Ihnen eine Hilfe, wenn Sie daran denken, wie lächerlich der automatisierte »Krankenschwesterton« klingt: »Jetzt wollen wir aber mal schlafen gehen, Herr Schmidt. Oh, wir haben ja noch gar nicht unsere Medizin genommen. Nein, rauchen dürfen wir hier aber nicht, Herr Schmidt!«

- *Drohen Sie niemals mit institutionellen Strafen, z.B. Tadel, Klassenkonferenz, »Ich muss die Schulleitung informieren« und Ähnlichem.*
  Stellen Sie stattdessen Ihre eigenen Regeln mit der Gruppe auf und fordern Sie konsequent deren Einhaltung. Alle aufkommenden Konflikte werden innerhalb der Gruppe geklärt. Es gilt das Grundprinzip, dass nichts »nach oben« weitergegeben wird (Ausnahmen sind nur in wirklichen Notfällen erlaubt).

Der erste Tag

Die folgenden beispielhaften Tipps für den Anfang mit einer neuen Schülergruppe haben sich in der Praxis bewährt. Sie helfen dabei, rollenspezifisches Verhalten aufzubrechen und produktive, vertrauensvolle Beziehungen zu den Schüler/innen herzustellen. Sie bereiten die Basis für einen Unterricht, den Sie mit der Methode des Statuswechsels zunehmend sicher steuern können:

- Seien Sie *vor* den Schüler/innen im Klassenraum. Bereiten Sie den Raum vor, indem Sie ihn so gestalten, wie Sie sich darin wohlfühlen (z.B. möglichst weit entfernt vom »typischen« Klassenzimmer, siehe S. 79).

- Stellen Sie einen Stuhlkreis auf.
- Beginnen Sie die erste Stunde mit einem Namensspiel:

Namen

Alle sitzen im Kreis. Sie stellen sich kurz vor und kündigen dann an, dass Sie am Anfang immer große Probleme haben, sich die Namen der Schülerinnen und Schüler zu merken (Tiefstatus). Sie versprechen, dass Sie »alles geben« werden, um sich am Ende der ersten Vorstellungsrunde alle Namen gemerkt zu haben, dass es aber wahrscheinlich nicht klappen wird. Bitten Sie die Schüler/innen darum, Ihnen beim Namenmerken vielleicht dadurch zu helfen, dass sie nicht nur ihren Namen sagen, sondern noch etwas anderes Interessantes über sich selbst erzählen. Sollte ihnen gar nichts Zusätzliches einfallen, können sie ihr Lieblingsessen nennen (wenn aber alle »Pizza« oder »Pommes« sagen, gibt es noch die Variante »Name und Tier«, s. u.).

Sie tun so, als ob Sie wahnsinnige Probleme hätten, sich die Namen zu merken, und halten deshalb bei jeder Schülerin und jedem Schüler inne, »um noch länger Zeit zum Merken zu haben« – in Wirklichkeit aber geben Sie den Schüler/innen dadurch die Möglichkeit, sich zu präsentieren. Diese genießen es in der Regel, dass ihnen diese interessierte Aufmerksamkeit zuteil wird.

Am Ende müssen Sie alle Namen der Reihe nach aufsagen und zusätzlich die persönlichen Informationen nennen, die Sie sich zu jedem Einzelnen gemerkt haben. Sie können immer wieder so tun, als hätten Sie einen Namen vergessen und den Moment ein wenig dramatisieren. Es macht Spaß zu sehen, wie sehr der jeweilige Schüler sich freut, wenn Sie seinen Namen dann doch nicht vergessen haben und sich sogar noch andere Dinge über ihn gemerkt haben.

Wann immer ich dieses Spiel mit einer neuen Gruppe gespielt habe, haben die Schüler/innen zum Schluss gelacht und geklatscht. Das Gute an dieser Übung ist, dass Sie schon bei der ersten Kontaktaufnahme in den Tiefstatus gehen und die Schüler/innen sich überlegen fühlen. Gleichzeitig genießen sie es, zu ihren eigenen Bedingungen im Mittelpunkt zu stehen. Diese Übung funktioniert allerdings nur, wenn Sie am Ende tatsächlich alle Namen und kleine persönliche Einzelheiten über die Schüler/innen wissen. Deswegen sollten sie sich wirklich Zeit nehmen, und: Je dümmer Sie sich anstellen, desto mehr helfen Ihnen die Schüler/innen! Wenn sich die Schüler/innen auch untereinander noch nicht kennen, können einzelne Schülerinnen und Schüler zum Abschluss zeigen, dass sie es »besser können«: Jeder, der will, darf versuchen, alle Namen hintereinander aufzusagen.

Name und Tier

Verfahren wie oben, nur soll zum Namen nun konkret noch etwas anderes erzählt werden: »Stell dir vor, du darfst dir aussuchen, welches Tier du in deinem nächsten Leben sein wirst. Was für ein Tier wärst du gerne und warum?« Alle stellen sich der Reihe nach mit ihrem Namen vor und erklären, welches Tier sie in ihrem nächsten Leben gern sein möchten. Am Ende versuchen Sie auch hier, alle Namen hintereinander aufzusagen und die jeweils genannten Tiere zu nennen. Anschließend kann man den Schwierigkeitsgrad erhöhen: Alle wechseln die Plätze und wieder sollen die Namen und Tiere hintereinander genannt werden – nun von allen Schüler/innen, die sich diese »schwierige Aufgabe« zutrauen.

Regeln, Ziele und die Übernahme von Verantwortung

Wenn man Klassenräume in einer Schule betritt, hängen überall diese gut gemeinten bunten Plakate, die in bemühter Schülerschönschrift die Regeln für das gemeinsame Lernen festhalten:

- Wenn der Lehrer die Klasse betritt, sitze ich an meinem Platz.
- Während der Stunde renne ich nicht durch die Klasse.
- Technische Geräte und Handys sind ausgeschaltet.
- Im Unterricht darf ich nicht Kaugummi kauen.
- Ich rede nicht dazwischen, sondern warte, bis ich dran bin.
- Ich unterbreche nicht meine Klassenkameraden …

Immer wieder habe ich festgestellt, dass diese Plakate nichts bringen. Sie werden mit der Zeit vergessen und verstauben an der Wand. Viel sinnvoller ist es, sich zu fragen, welche Regeln man selbst für wichtig hält, und diese dann mit den Schüler/innen zu besprechen. In der Praxis empfiehlt es sich, pro Stunde eine Regel zu besprechen und einzuführen. Ein Plakat muss aber nicht gemalt werden. Es reicht, wenn Sie sich die Regel notieren, um sich später darauf berufen zu können. Für die Schüler/innen ist es sehr motivierend, zunächst die allseits bekannten, typischen Regeln infrage zu stellen. Dabei werden sie auch dafür sensibilisiert, wofür Regeln *überhaupt* da sind.

Warum ist Kaugummikauen verboten?
Die Schüler/innen wissen das ganz genau: weil die Kaugummis dann unter den Tischen oder auf dem Fußboden kleben oder – noch schlimmer – jemand anderem in die Haare geklebt werden. Sie können nun darauf hinweisen, dass Kaugummikauen aber eigentlich die Konzentration beim Arbeiten fördert. Also wäre es doch eigentlich gut, wenn alle Kaugummi kauen … Daraufhin werden Ihre Schüler/innen möglicherweise die folgende Regel aufstellen:

Kaugummikauen ist bei uns so lange erlaubt, bis einer so blöd ist, sein Kaugummi irgendwohin zu kleben. Solange alle ihre Kaugummis ordentlich im Mülleimer entsorgen, ist Kaugummikauen nicht verboten.

Ein Plakat ist unnötig, weil die Schüler/innen eine solche Regel bestimmt nicht vergessen! In den nächsten Stunden können Sie dann vielleicht folgende Regeln kritisch mit Ihren Schüler/innen überprüfen:

Darf im Unterricht gegessen und getrunken werden?
Solange die Konzentration nicht darunter leidet, darf jederzeit getrunken werden. Die meisten Schüler/innen trinken im Laufe eines Tages zu wenig, und das ist ungesund. Gegessen werden darf, wenn der Schüler vorher fragt und dadurch niemand gestört wird. Grundsätzlich gilt wie beim Kaugummikauen, dass die Regel so lange gilt, wie der Klassenraum sauber bleibt.

Müssen technische Geräte und Handys im Unterricht grundsätzlich ausgeschaltet sein?
Nein, denn man kann sie gezielt im Unterricht einsetzen, wenn klar ist, warum und wofür. Benutzt aber jemand sein Handy, Laptop oder I-Pod so, dass der Ablauf gestört oder die eigene Konzentration behindert wird, dann müssen die Geräte ausgeschaltet oder beim Lehrer abgegeben werden.

Müssen die Schüler/innen an ihrem Platz sitzen, wenn der Lehrer kommt?
Die Schüler/innen müssen nicht an ihrem Platz sitzen, weil der Lehrer unter Umständen vorher da ist oder den Unterricht vielleicht im Stuhlkreis oder mit einer anderen Aktion beginnen will, bei der niemand an seinem Platz sitzen muss.

Weitere Beispiele erübrigen sich, da Sie selbst am besten wissen, wie Sie Ihren Unterricht gestalten und welche Regeln sich daraus ergeben. Der Punkt ist ganz einfach der, dass gegenseitiger Respekt, Verantwortung für die anderen, den gemeinsamen Raum und Besitz und Ähnliches Schritt für Schritt trainiert und irgendwann zur Selbstverständlichkeit werden.

Wenn wir uns unsere Erziehungsziele, d.h. die Werte, die wir vermitteln wollen, bewusst machen und sie uns dauerhaft präsent sind, können wir aufgestellte Regeln immer wieder auf ihre Sinnhaftigkeit im Hinblick auf diese Ziele überprüfen und modifizieren. Es lassen sich eine Vielzahl an wirkungsvollen Regeln aufstellen, die einfallsreicher und aktueller sind als das übliche halbe Dutzend Regeln auf den bekannten Lernplakaten im Klassenzimmer. Die ständige Überprüfung von Regeln im täglichen Praxistest kann zu einem durchaus wertvollen Gegenstand des Lernprozesses der Schüler/innen (und Lehrer/innen) werden.

Wichtig ist, dass Regeln nicht in der ersten Woche aufgestellt, niemals hinterfragt und dann vergessen werden, sondern dass sie ständig neu überprüft und eventuell »überarbeitet« werden, wenn beispielsweise die Klasse noch nicht so weit ist. Liegen z.B. Chipstüten und Krümel auf dem Boden, muss das Essen erst einmal verboten werden, bis nach einiger Zeit ein neuer Versuch gestartet werden kann. *Es muss möglich sein, Regeln neu aufzustellen oder abzuschaffen, wenn Veränderungen dies nötig machen.* Wichtig ist, dass *allen* Beteiligten der Sinn der Regeln immer wieder bewusst wird. Erst durch diese intensive Auseinandersetzung werden die Schüler/innen für konstruktives Verhalten sensibilisiert und entwickeln ein Wertebewusstsein.

Die Schüler/innen mögen es durchaus, über die Art des gegenseitigen Umgangs, über den Sinn von Regeln und Wertmaßstäben zu diskutieren – untereinander und mit der Lehrerin bzw. dem Lehrer. Sie wollen sich in verschiedene Beispielsituationen einfühlen und mitteilen, was sie dabei empfinden. Grundsätzlich interessiert Schüler/innen sehr, was »gerecht« ist und was nicht. Sind sie nach intensiven und vielfältigen Überlegungen zu einer Regel gelangt, die sie selbst für »gerecht« und sinnvoll halten, ist diese Regel für sie präsent und sie tauschen sich weiterhin darüber aus. Es entsteht eine ehrliche Motivation, sich an die Regel zu halten, was viel wertvoller ist als das bloße Befolgen von Regeln, nur um unangenehme Sanktionen zu vermeiden.

Verstöße gegen Regeln müssen grundsätzlich Konsequenzen haben. Entweder für die ganze Gruppe – wie beim obigen Beispiel, die »Essensregel« abzuschaffen – oder für Einzelne. *Die »Strafen« müssen aber ebenfalls sinnvoll sein, d. h. sie müssen einen Bezug zu dem Verhalten haben, das man verbessern möchte.* Deshalb ist es in den meisten Fällen unsinnig, sich auf institutionelle Strafen wie Tadel, Klassenkonferenz oder Schulausschluss zu berufen – das absurdeste Beispiel, das ich in dieser Hinsicht erlebt habe, war ein Schüler, der aufgrund dauerhaften Schwänzens für vier Wochen vom Unterricht »zwangsbeurlaubt« wurde.

Konstruktive »Strafen« sind im Einzelfall leicht zu finden: Auch hier haben die Schüler/innen oft die einfallsreichsten und zugleich gerechtesten und sinnvollsten Ideen. Dies konnte ich bei unserem regelmäßig durchgeführten Rollenspiel »Gerichtsverhandlung« erleben.

Gerichtsverhandlung

Das folgende Rollenspiel wird regelmäßig einmal in der Woche durchgeführt. Sinn dabei ist, den gesellschaftlich definierten Lehrer-Hochstatus überflüssig zu machen, indem nicht mehr der

Lehrer das Verhalten der Schüler/innen durch »Belohnung« oder »Strafe« maßregelt, sondern die Schüler/innen selbst zunehmend Eigenverantwortung übernehmen. Dadurch werden Sie als Lehrer/in mit der Zeit immer mehr entlastet, d.h. Sie kommen immer seltener in Situationen, in denen Sie von Schüler/innen wieder in Ihre alte Lehrerrolle katapultiert werden. Konflikte und Streitsituationen werden »intern« gelöst.

Vorbereitung

Für jeweils einen Monat werden folgende Rollen festgelegt:

- zwei Staatsanwälte
- ein Richter
- drei Protokollanten

Pro Monat finden drei bis vier Gerichtsverhandlungen statt. Die Termine werden festgelegt. Namen der Staatsanwälte, des Richters und der Protokollanten hängen im Klassenraum aus. Die Schüler/innen können nun, wenn sie einen Konflikt mit jemandem in der Klasse haben, zu einem der beiden Staatsanwälte gehen und eine »Klage einreichen«. Der Staatsanwalt erfragt möglichst genau den Sachverhalt und macht sich Notizen. Er geht dann zum »Angeklagten« und teilt ihm mit, welche »Klage« gegen ihn eingereicht wurde. Gleichzeitig fordert er den Angeklagten auf, sich einen »Anwalt« zu nehmen, und zwar eine Person seiner Wahl aus der Klasse. Kann der Angeklagte nach drei Tagen keinen Anwalt benennen, bestimmt der Staatsanwalt einen »Pflichtanwalt«. Der Anwalt/Verteidiger des Angeklagten hört sich nun den Sachverhalt aus der Perspektive des Angeklagten an und macht sich ebenfalls Notizen. Gleichzeitig erarbeitet er zusammen mit dem Angeklagten Argumente für dessen Verteidigung. Diese werden stichwortartig schriftlich fixiert.

Für die Gerichtsverhandlung bietet es sich an, eine Doppelstunde zu verwenden:

Ablauf der Gerichtsverhandlung

- Der Richter eröffnet die Gerichtsverhandlung.
- Die Staatsanwälte lesen ihre »Anklagen« vor.
- Der Richter notiert sich, wer aus der Klasse zu welchem Fall als Zeuge aussagen möchte.
- Der Richter ruft den ersten Angeklagten auf. Dieser setzt sich mit seinem Verteidiger vorne auf zwei vorbereitete Stühle.
- Der Richter fasst den Sachverhalt kurz zusammen und ruft nacheinander die Schüler, die sich als Zeugen gemeldet haben, in den Zeugenstand.

- Der Richter achtet darauf, dass die Zeugen sachlich und auf die Fakten bezogen sprechen und sich nicht wiederholen.
- Der Verteidiger macht sich auch zu den Zeugenaussagen Notizen.
- Wenn die Zeugenaussagen abgeschlossen sind, wird der Angeklagte gehört. Er darf nun seine Sicht des »Falls« vortragen.
- Anschließend trägt sein Anwalt die Argumente zu seiner Verteidigung vor.
- Der Richter muss darauf achten, dass immer nur einer spricht und sich alle »der Würde des Hauses entsprechend« benehmen. Er darf bei wiederholter Missachtung seiner Regeln kleine Strafen verhängen, z. B. Gedichte auswendig lernen lassen (viele meiner Schüler/innen können deshalb den »Panther« von Rilke auswendig aufsagen).
- Die Staatsanwälte machen einen Sanktionsvorschlag, zum Beispiel: »Der Angeklagte muss eine Woche lang den Reinigungsdienst der Klasse übernehmen, weil er wiederholt Kürbiskerne auf den Boden gespuckt hat.« (Hat er diesen Dienst bis zur nächsten Gerichtsverhandlung nicht zur Zufriedenheit der Klasse erfüllt, muss er mit einer neuen, »höheren« Strafe rechnen.)
- Der Verteidiger macht nun seinerseits einen (milderen) Sanktionsvorschlag.
- Der Richter bittet die Klasse (die Geschworenen) um Abstimmung: Wer stimmt für Sanktionsvorschlag 1, wer für Sanktionsvorschlag 2?
- Das Abstimmungsergebnis und die Art der Sanktion wird von den Protokollanten festgehalten und vom Richter und dem Angeklagten unterschrieben.
- In gleicher Weise wird mit den anderen »Angeklagten« verfahren.

Dieses Rollenspiel hat natürlich eine ähnliche Funktion wie der Klassenrat.[3] Sie werden vielleicht denken, dass die Begriffe »Angeklagter«, »Klage einreichen« und so weiter ein ungeeignetes Vokabular sind, um demokratische Prozesse in der Klasse zu üben. Meine Erfahrung ist aber, dass der Klassenrat schon nach wenigen Wochen seine »Zugkraft« verliert: Die Schüler/innen beteiligten sich wenig und das Ganze schläft mit der Zeit – vor allem in höheren Klassen – ganz einfach ein.

Die »Gerichtsverhandlung« aber wurde als spannend empfunden und von den Schülerinnen und Schülern über einen Zeitraum von zwei Jahren begeistert und zunehmend kompetent durchgeführt. Dabei war es erstaunlich, den Kompetenzzuwachs der Schüler/innen zu beobachten, und zwar sowohl, was ihre Urteilskraft, ihren Sinn für angemessene und sinnvolle Sanktionen, ihre Kreativität

3 Siehe hierzu das »Praxisbuch Klassenrat« von Birte Friedrichs (2014).

betraf, als auch im Hinblick auf ihre rhetorischen Fähigkeiten – um nur einige Beispiele zu nennen.

Die Lehrerin bzw. der Lehrer übernimmt in diesem Rollenspiel die Rolle des stillen Beobachters und »moralischen Korrektivs«. Er hat Veto-Recht und darf Verhandlungen abbrechen, wenn etwas aus seiner Sicht aus dem Gleis läuft. Auch darf er den Protokollanten oder dem Richter bei schriftlichen Aufgaben helfen, wenn diese nicht mitgekommen sind oder Fragen haben. Erstaunlich ist aber, wie wenig der Lehrer insgesamt zu tun hat! Unterrichtsformen wie die Gerichtsverhandlung schaffen die Basis für gelingende Beziehungsgestaltung, Verantwortungs- und Gruppengefühl.

Die hier genannten Beispiele für den Anfang in einer Klasse habe ich deshalb so genau beschrieben, um anfänglichen Bedenken im Hinblick auf den Statuswechsel zuvorzukommen. Alle folgenden Beispiele für den erfolgreichen Einsatz von Körpersprache, Mimik, Gesten und Statuswechsel sind auf Dauer nur erfolgreich, wenn Sie bereit sind, Ihren Lehrer-Hochstatus loszulassen. Wenn Sie bewusst die Eigenständigkeit Ihrer Schüler/innen fördern. Wenn Sie in Teilbereichen Verantwortung abgeben können. Und wenn Sie beruhigt und gelassen darauf vertrauen, dass Ihre Schüler/innen sehr vieles auch ohne Sie hinkriegen.

Ruhe herstellen

Schon oben wurde der klassische Tipp für Lehrerneulinge erwähnt: »Wenn es laut in Ihrer Klasse ist, dann stellen Sie sich vorne hin und warten, bis es leise ist.« Ohne weitere Anweisung ist es unverantwortlich, jemanden mit diesem »Tipp« in eine Klasse zu schicken, denn dann kann man bis Weihnachten warten. Was mit diesem Tipp eigentlich gemeint ist: Wenn Sie selbst Ruhe ausstrahlen, dann werden auch die Schüler/innen ruhiger. Oft erreicht man durch hektisches Hineinrufen nämlich nur das Gegenteil dessen, was man erreichen möchte: Die Schüler/innen werden eher noch lauter.

Und: »Vorne stehen und warten« ist nicht gleich »vorne stehen und warten«. Wenn Sie Ihre Körpersprache nicht unter Kontrolle haben, kann das nämlich auch unsicher, vielleicht sogar ängstlich wirken. Dann ist diese Methode sehr unproduktiv. Wenn Sie z.B. vorne stehen, warten und dabei denken: »Was mache ich eigentlich, wenn die jetzt gar nicht leise werden? Muss ich jetzt eingreifen? Oder warte ich noch ein bisschen? Hoffentlich merken die nicht, dass ich eigentlich gar nicht weiß, was ich tun soll!«, dann können Sie sicher sein, dass die Schüler/innen Ihre Unsicherheit sofort bemerken.

Denn es ist ein Unterschied, ob Sie dort im gefühlten Tiefstatus vorne stehen oder im gefühlten Hochstatus. Ihre Körpersprache mag noch so minimal sein – trotzdem senden Sie Tiefstatussignale aus, wenn Sie sich im Tiefstatus *denken*. Vor einer Klasse zu stehen und nichts zu tun gehört zum Schwersten, was es gibt – auch für Schauspieler/innen. Es ist sozusagen »Profi-Liga«. Um es zu schaffen, allein durch Ihre Präsenz im Raum Ruhe herzustellen, braucht es schon einige Übung. Vor allem aber folgende »Gebrauchsanweisung«:

> »Prüfen Sie, ob Ihr inneres Gefühl Ihnen sagt, dass Sie ›da sind‹ und dass Sie wahrgenommen werden wollen. Vom ›Zu-sich-Stehen‹ und ›Auftreten‹ gehen Signale aus, die von Schülerinnen und Schülern wahrgenommen werden. Zeigen Sie durch Ihre körperliche Haltung und die Art, wie Sie gehen und stehen, dass Sie wirklich präsent sind.« (Bauer 2007, S. 80)

Das heißt konkret:

- *Atmen Sie ruhig und gleichmäßig in den Bauch.* Oft atmen wir »flach«, d.h. nur bis zu den Schultern.
- *Lockern Sie Ihre Schultern, überprüfen Sie, ob Ihre Schultern hochgezogen sind und lassen Sie sie herabfallen.* Oft ist unser Na-

ckenbereich total verkrampft, die Schultern hochgezogen und leicht nach vorne geschoben – dies entspricht der instinktiven Körperhaltung kurz vor einem Angriff!

- *Achten Sie auf eine aufrechte, symmetrische Körperhaltung.* Stellen Sie z. B. Ihre Beine nicht über Kreuz, verschränken Sie die Arme nicht vor dem Körper, halten Sie den Kopf gerade, stehen Sie mit beiden Beinen fest auf der Erde.
- *Lassen Sie Ihren Blick nicht suchend oder »flackernd« durch den Raum gehen, sondern fixieren Sie Ihren Blick.* Schauen Sie einen einzelnen Schüler eine Zeit lang bewusst und neutral an. Dann wenden Sie Ihren Blick bewusst ab und hin zu einem anderen Schüler, den Sie ebenfalls über längere Zeit ruhig fixieren.

Vor allem aber: *Überprüfen und kontrollieren Sie bewusst Ihre Gedanken!* Es ist von entscheidender Bedeutung, dass Sie kein Problem mit der Situation haben, dass Sie »ewig« dort vorne vor der Klasse stehen könnten, wenn Sie wollten. Sehen Sie das Ganze als kleines Training für sich selbst, nach dem Motto: »Je länger die Schüler/innen mich hier stehen lassen, desto besser für mich. Wie fühlt es sich für mich an, hier zu stehen? Wie kann ich meine Präsenz optimieren?«

Machen Sie sich klar, dass *Sie* der Chef sind. Ihre Stimmung und Ihr Verhalten können durch die Schüler/innen nicht beeinflusst werden. Beobachten Sie die Schülerinnen und Schüler und konzentrieren Sie sich voll und ganz auf die Kraft, die von Ihnen selbst ausgeht. Entwickeln Sie auf keinen Fall Gefühle von Hektik oder Ärger auf die Schüler/innen. Denn das merken die »kleinen Experten« sofort! Wenn Sie es aber schaffen, dass tatsächlich ein Gefühl von Präsenz und Souveränität von Ihnen ausgeht, dann wird es tatsächlich ruhig im Raum.

Lehrer sind »Multitasking-Experten«. Es vergeht kein Tag in der Schule, an dem Sie nicht hundert Dinge gleichzeitig im Kopf haben bzw. tun müssen. Dennoch müssen wir bewusst trainieren, nicht gehetzt zu wirken.

> »Schülerinnen und Schüler erkennen, ob sich Lehrkräfte ›gejagt‹ fühlen und sich jagen lassen: am zu schnellen Schritt, an der geduckten Körperhaltung (›Hoffentlich sieht mich keiner‹) oder daran, dass sie sich vorzugsweise hinter dem Tisch stehend vor der Klasse schützen.« (Bauer 2007, S. 80)

Wann immer Sie sich durch die Schule bewegen, achten Sie darauf, dass Sie nach außen ruhig und gelassen wirken – egal wie sehr Sie gerade unter Druck stehen. In allen Situationen, in denen es nicht um konkrete, direkte Kommunikation mit Ihren Schüler/innen geht, sondern um Ihr allgemeines Auftreten in der Schule, müssen Sie Hochstatussignale aussenden:

- Aufrechte, lockere Körperhaltung.
- Bewusste, zielgerichtete und ruhige Bewegungen.
- Klarer, offener Blickkontakt Schülern und Kollegen gegenüber.
- Nehmen Sie den Weg durch die Mitte des Raums oder Schulflurs.
- Grüßen Sie entgegenkommende Schüler/innen bewusst, freundlich und mit Blickkontakt.
- Weichen Sie entgegenkommenden Schüler/innen auf dem Schulflur nicht aus.
- Wenn Sie zu viel Material schleppen müssen, bitten Sie Schüler/innen, Ihnen zu helfen, und schwanken Sie nicht mit unzähligen Aktenordnern, Büchern und Materialkisten die Flure entlang.
- Richten Sie Ihre Aufmerksamkeit ganz bewusst auf die Person oder den Gegenstand, mit dem Sie sich gerade beschäftigen, auch wenn neben Ihnen vier andere Schüler »herumhibbeln«

und ständig Ihren Namen rufen (»Frau Plath, Frau Pla-ath, Frau Pla-a-ath …!«).

- Sie bestimmen Zeit und Raum.
- Sie bestimmen, wann Sie mit einer Sache »fertig« sind und Ihre Aufmerksamkeit auf etwas Neues richten.
- Die Schüler/innen müssen spüren, dass Sie durch nichts aus der Ruhe zu bringen sind und dass man Sie nicht »jagen« kann.

Diese Regeln haben sich im allgemeinen Schulalltag bewährt. Schüler/innen gegenüber, die Sie gut kennen und zu denen Sie eine bereits funktionierende Beziehung aufgebaut haben, können Sie auch Schwächen zeigen bzw. bewusst Tiefstatus spielen (siehe S. 119 f.).

Gute Laune – positive Ausstrahlung

Lassen Sie sich niemals von dem in vielen Lehrerzimmern vorherrschenden stillschweigendem Gesetz beeindrucken: Wer die schlechteste Laune hat, hat offenbar am meisten zu tun. In vielen Kollegien herrscht offenbar eine Art »Klagewettbewerb« um den Pokal, wer am meisten zu tun hat und wem es am schlechtesten geht. Dadurch wird jemandem, der gute Laune hat, unterschwellig suggeriert, er habe wohl nichts zu tun – oder noch schlimmer: Er habe Spaß an seiner Arbeit. An deutschen Schulen scheinen das nämlich zwei miteinander unvereinbare Dinge zu sein: Wenn etwas Spaß macht, kann es keine Arbeit sein.

Das ist natürlich nicht nur Blödsinn, es ist auch eine sehr unprofessionelle Haltung zur Arbeit. Denn schlechte Laune, Selbstmitleid und Stress wirken sich direkt auf Ihre Körpersprache und somit auf Ihre Ausstrahlung aus. Und diese hat wiederum eine ganz direkte Auswirkung auf das Verhalten Ihrer Schüler/innen. Dazu müssen Sie sich nur an Ihre eigene Schulzeit erinnern: Bei welchen Lehrer/innen waren Sie motiviert und hatten Freude am Unterricht?

Und durch welche Unterrichtsstunden mussten Sie sich »durchquälen«?

Eine der wichtigsten Aufgaben von Lehrer/innen ist es zu motivieren. Wenn Sie selbst schon den Eindruck erwecken, dass Sie eigentlich keine Lust haben auf das, was Sie tun, wie sollen dann Ihre Schüler/innen motiviert sein? Daher ist es wichtig, dass Sie Freude am Leben haben und dies auch zeigen. Achten Sie darauf, dass es Ihnen gut geht, und versuchen Sie, Ihren Unterricht so zu gestalten, dass er auch Ihnen selbst Spaß macht. Denn was Sie selbst langweilig finden, finden auch Ihre Schüler/innen langweilig!

Es gibt ein körpersprachliches Signal, das auf der ganzen Welt verstanden wird und ungeheure Wirkung hat: das Lächeln. Wie oft lächeln Sie am Tag? *Lächeln ist eine Hochstatusgeste, die Freude, Entgegenkommen und Gelassenheit ausdrückt. Wer lächelt, hat die Situation eigentlich schon für sich gewonnen.* Nicht umsonst spricht man auch von einem »entwaffnenden Lächeln«. Vielleicht schauen Sie sich in diesem Zusammenhang noch einmal eine Rede von Barack Obama an (vgl. S. 28) und achten darauf, wann und wie er lächelt … Interessant ist auch, wie sich ein Lächeln auf Ihre eigene Stimmung auswirkt: Es ist sehr schwierig, eine negative Stimmung aufrechtzuerhalten, während man lächelt. Und ebenso schwierig ist es, ein Lächeln *nicht* zu erwidern.

Loben

Wir haben gelernt, in einem Diktat, einer Mathearbeit oder beim sozialen Verhalten der Schüler/innen die Fehler zu finden. Oft sind wir aber sehr schlecht darin, die Erfolge zu entdecken – übrigens auch unsere eigenen! Dabei könnten wir uns viel Mühe und Ärger ersparen, wenn wir unsere Wahrnehmung dahingehend trainieren, die vielen kleinen positiven Entwicklungsschritte zu sehen, die in allen schwierigen und anstrengenden Phasen mit den Schüler/innen immer *auch* passieren. Ein Beispiel:

Marcel sitzt seit Wochen im Wesentlichen trotzig da und verweigert jegliche Mitarbeit. Bei Gruppenarbeiten beschweren sich die anderen regelmäßig, dass er nichts beiträgt und Team-Arbeit offenbar als »**T**oll, **E**in **A**nderer **M**acht's« interpretiert. Ständig muss er sein Handy oder seinen I-Pod abgeben, weil er sich den Unterricht mit technischen Spielereien vertreibt.

Eines Tages funktioniert die Übertragung vom Laptop auf den Videobeamer nicht und ich stehe mit einer Gruppe von Schüler/innen um den technischen Störfall herum. Alle haben irgendwelche Ratschläge, aber keiner weiß die Lösung. Da ich bei Marcel vermute, dass er auf diesem Gebiet mehr Ahnung hat als wir alle, frage ich ihn, ob er nicht mal einen Blick auf das Problem werfen könne. Mürrisch setzt er sich in Bewegung und beugt sich über den Laptop. Wie vermutet klickt er sich schnell und zielstrebig zum Problem hin, behebt die Störung und verlässt genauso mürrisch wie zuvor den Schauplatz, als sei nichts gewesen.

Ich sage: »Hey, Marcel, das ist ja unfassbar! Wie hast du das denn gemacht?« Abweisendes Gegrummel. Ich freue mich trotzdem weiterhin deutlich über seine Hilfe und lobe ihn ausgiebig für sein »Expertenwissen«.

In einer der darauffolgenden Stunden meldet sich Marcel plötzlich und fragt – auf den ersten Blick unpassenderweise: »Darf ich mein Handy benutzen?« Die naheliegende Reaktion wäre in diesem Moment gewesen: »Nein, wie kommst du denn jetzt darauf?«, oder sogar eine ärgerliche Bemerkung über seine ständige Beschäftigung mit irgendwelchen »Geräten«. Obwohl ich zunächst eine abweisende Bemerkung auf den Lippen hatte, entscheide ich mich um und gebe ihm mein Einverständnis.

Es stellt sich heraus, dass er ein Problem in der Gruppe mit seinem I-Phone auf wunderbare Weise lösen kann, indem er eine benötigte Information im Internet recherchiert und der Gruppe dadurch die Weiterarbeit ermöglicht. Glücklicherweise habe ich diesen Fortschritt in seinem Verhalten gerade noch rechtzeitig erkannt und kann ihn wieder deutlich loben.

Obwohl Marcel nur grummelnde Reaktionen zeigte, wollte er doch gerne wieder gelobt werden und brachte sich auf die Weise ein, die er am besten beherrscht. Durch ihn habe ich gelernt, dass »technische Geräte« im Unterricht nicht grundsätzlich ausgeschaltet sein müssen. Und seit Marcel auf »seinem« Gebiet gelobt wird, bringt er sich immer häufiger problemlösend und kreativ in den Unterricht ein. Sein ganzer Habitus hat sich verändert. Er ist inzwischen vom mürrischen Murmeln zu einer geradezu freundlichen, klaren Sprechweise übergegangen. Hin und wieder ist sogar ein Lächeln möglich geworden. Und: Er sitzt nur noch selten in Verweigerungshaltung herum. Sogar wenn kein technischer Einsatz gefragt ist, bemüht er sich um produktive Mitarbeit in der Gruppe.

Wochenlang hatte ich durch meine Ermahnungen, Aufforderungen und Sanktionen (z. B. Handys einsammeln) nicht die geringste Verhaltensänderung bewirkt. Aber ein einziges ehrlich erfreutes Lob meinerseits hatte einen Schüler aus seiner Verweigerungshaltung herausgelockt. Ich kenne keinen einzigen Schüler, der nicht gelobt werden will. Das, was wir loben, wiederholen die Schüler/innen, weil sie mehr davon haben wollen. Es lohnt sich also, bei allen Jugendlichen das zu finden, was lobenswert ist, und es dann positiv zu verstärken. Theoretisch wissen wir das ja alle, aber meine Beobachtung ist: *Wir nutzen die Kraft des Lobs immer noch viel zu wenig, weil wir unsere Aufmerksamkeit viel zu häufig auf das negative Verhalten unserer Schüler/innen richten.*

Statuswechsel und Statuswippe

Grundsätzlich gilt: *Versuchen Sie niemals eine Methode anzuwenden, bei der Sie sich nicht wohlfühlen in Ihrer Haut.* Jede Lehrerpersönlichkeit ist anders. Manche Varianten des Statuswechsels kommen für Sie vielleicht nicht infrage. Das ist nicht weiter schlimm, ganz im Gegenteil: Beim Lesen der folgenden Beispiele für Statuswechsel im Unterricht werden Sie genau merken, bei welchen Situationen sich Ihr Widerstand regt und welche Sie sich für sich selbst vorstellen könnten. Probieren Sie nur Dinge aus, die Sie sich zutrauen. Je mehr Sie die Wirkung von Statuswechseln im Alltag durch eigene Erfahrungen erleben, desto größer wird auch Ihr Interesse und Mut, Neues zu wagen.

An einem Montag gerät mir alles außer Kontrolle. Ein Drama folgt dem nächsten. Kaum ist ein wenig Konzentration eingekehrt, fliegt eine Wespe in den Klassenraum und alle Mädchen steigen kreischend auf die Tische. Wenig später kracht ein Schüler, der ständig auf seinem Stuhl kippelt, auf den Boden, alle grölen. Kurze Zeit darauf pöbeln mich die Schüler/innen an, warum wir in diesem Jahr nicht auf Klassenfahrt fahren, und so weiter. Langer Rede kurzer Sinn: Es ist ein furchtbarer Tag, ich habe das Gefühl, im Chaos zu versinken. Nichts gelingt.

Ich breche alles ab und »verordne« kurzerhand eine »Psychorunde« im Stuhlkreis. Als alle sitzen, sage ich: »Ich bin kurz davor, alles hinzuschmeißen. Bitte sagt mir mal ernsthaft: Was mache ich falsch?« Dabei gebe ich mir keinerlei Mühe, meine verzweifelte Ratlosigkeit zu verbergen, und präsentiere mich den Schüler/innen hilflos, wie ich bin.

Da die Schüler/innen erwartet haben, dass ich aus dem Lehrer-Hochstatus heraus erst einmal eine »Moralpredigt« über ihr schlechtes Benehmen halte, sind sie durch meine Ratlosigkeit (Tiefstatus) überrascht und verdutzt. Hätte ich ihre Erwartung erfüllt und in dieser Situation Hochstatus durch Vorwürfe demonstriert, dann wären die Schüler/innen in den (von ihnen erwarteten, gesellschaftlich definierten) Tiefstatus gegangen und hätten sich gegen mich abgeschottet: Sie hätten mit mürrischen, verschlossenen Gesichtern herumgesessen, sich aber insgeheim gewünscht, meinen Lehrerstatus herabzusetzen. Das hätte kurzfristig für Ruhe gesorgt, langfristig aber zu keiner Einsicht geführt (weder bei mir noch bei ihnen) und dann natürlich auch zu keiner Verhaltensänderung (weder bei mir noch bei ihnen).

Nun bin ich aber überraschend in den Tiefstatus gegangen. Dadurch fühlen sich die Schüler/innen in diesem Moment im Hochstatus – wie auf einer Wippe. Damit schwindet bei den Schüler/innen augenblicklich der Wille zum Widerstand: Es ist plötzlich uninteressant geworden, meinen Status herabzusetzen und dadurch den eigenen zu heben, weil ich das schon für sie erledigt habe. Nun sind die Schüler/innen im Hochstatus und haben plötzlich Raum, darüber nachzudenken, worum es eigentlich geht. Da ihr wichtigstes Ansinnen, nämlich ihren Status zu erhöhen, schon erfüllt ist, können sie ihre Energie auf die tatsächliche Problemlösung richten:

Die Schüler/innen machen betretene Gesichter und fangen sogar an, mich zu trösten (!): »Nein, nein, *Sie* haben gar nichts falsch gemacht! Wir sind heute nur schlecht drauf …«

Die Schüler/innen versuchen, tief zu spielen, um meinen Status wieder zu erhöhen! Auf diese Weise nähern wir uns dem ständigen Statusausgleich, wie ich ihn bereits als typisch für ein Gespräch unter Freunden beschrieben habe. Die Kommunikation wird produktiv, weil beide »Parteien« (auf der einen Seite ich als Lehrerin, auf der anderen die Schüler/innen) bestrebt sind, ihren Status aneinander auszurichten. Im anschließenden Gespräch habe ich Gelegenheit, ihnen verständlich zu machen, warum ihr Verhalten für mich heute frustrierend ist; sie wiederum können mir mitteilen, was heute »mit ihnen los ist«. Wir »vertragen« uns und haben anschließend eine geradezu vorbildliche Arbeitsatmosphäre.

Das Prinzip der Statuswippe geht davon aus, dass Hochstatus automatisch Tiefstatus beim Gegenüber erzeugt: Ich gehe rauf, du gehst runter. Umgekehrt gilt natürlich dasselbe: Setze ich meinen Status selbst herab, fühlt sich mein Gegenüber nach oben in den Hochstatus »verfrachtet«: Ich gehe runter, du gehst rauf. Wer unfreiwillig im Status herabgesetzt wird, will wieder noch oben. Also wird er sofort etwas tun, um den Hochstatus seines Gegenübers zu senken. So geht es hin und her – wie auf einer Wippe.

Im Unterricht starten wir oft eine destruktive Variante der Wippe, indem wir sehr hoch spielen (»Was? Du hast schon wieder deine Hausaufgaben nicht gemacht?«). Dadurch wird der Schüler auf der Wippe ganz nach unten »krachen« und all seine Energie darauf verwenden, wieder nach oben zu kommen – und ganz bestimmt nicht auf seine Hausaufgaben. Die konstruktive Variante der Statuswippe wird dadurch eingeleitet, dass ich als eigentliches »Hochstatus-Tier« unerwartet in den Tiefstatus gehe. Dadurch fühlen sich die Schüler/innen (angenehm) im Hochstatus und sind bestrebt, mit mir einen Statusausgleich herzustellen, der wiederum Konfliktlösung und gelungene Kommunikation zum Ergebnis hat.

Varianten der Statuswippe

1. Theatraler Tiefstatus

Maxi sitzt immer mit dem Kopf auf dem Tisch da und scheint zu schlafen. Wenn man ihn aber anspricht, wird er sofort aggressiv, reißt den Kopf hoch und motzt einen an. Früher hat er häufig die Schule geschwänzt. Nach mehreren Schulversäumnisanzeigen, Einschalten eines Familienhelfers und diversen Schulwechseln ist er nun an unserer Schule zumindest körperlich präsent – meistens jedenfalls. Ansonsten ist er aber völlig unerreichbar, zornig auf die ganze Welt. Es kann schon mal vorkommen, dass er »Leck mich am Arsch, du Fotze« sagt, nur weil man ihn zu irgendetwas bewegen will. Eine Klassenkonferenz ist relativ sinnlos, denn dieses Prozedere kennt er bereits in- und auswendig. Sechsen im Zeugnis sind ihm egal, Versetzungen an andere Schulen ebenfalls. Alles ist ihm egal.

Bei Maxi habe ich meinen gewagtesten Statuswechsel praktiziert:

Nachdem er mich eines Tages mal wieder angepöbelt und anschließend seine übliche »Ich-bin-dann-mal-weg«-Haltung eingenommen hat, sage ich laut und deutlich: »Maxi, wenn du jetzt weiter so sitzen bleibst und mich ignorierst, dann komme ich zu dir und singe ein Lied für dich. Im Ernst jetzt!« Natürlich keine Reaktion. Daraufhin gehe ich zielstrebig durch den Raum, knie mich vor ihn hin und singe laut und so gut ich es kann: »Yesterday …« Dabei schaue ich ihn lächelnd an.

Ich muss ziemlich lange singen. Die ganze erste Strophe über passiert gar nichts. Ich singe die zweite Strophe. Maxi reißt den Kopf hoch, brüllt »Hör'n Sie auf!« und knallt den Kopf wieder auf seine Arme. Ich singe weiter. Beim Refrain funkelt er mich über seine Arme hinweg böse an, ich singe ihn weiter strahlend an. Dann sehe ich, wie sein Gesicht anfängt zu zucken, und wenig später muss er lachen! Ich lache auch, singe lachend weiter, lege meine Hand auf die Brust und spiele auf lustige Weise totale Unterwerfung. Da hebt er den Kopf und sagt, nur mit Mühe das Lachen unterdrückend: »Jetzt hör'n Sie endlich auf, Frau Plath. Ich mach ja schon alles, was Sie sagen!« Er schüttelt den Kopf, kämpft immer noch mit einem Grinsen, hat sich aber auf seinem Stuhl zurückgelehnt und guckt nun – halb trotzig, halb lachend – aus dem Fenster. Ich höre auf zu singen und sage ihm gespielt drohend: »So, du weißt Bescheid, Maxi: Wenn du mir wieder blöd kommst, singe ich dich sofort wieder an!«

In späteren Stunden brauchte ich nur noch mit gespielter Empörung zu sagen: »Ach, ist es wieder so weit? Alles klar ...«, und mich ihm zu nähern. Schon schrie Maxi lachend los: »Nein! Bitte nicht ansingen!«

Von dem Tag an hatten wir eine Ebene der Verständigung. Nach drei Jahren gemeinsamen Unterrichts konnte sich keiner von uns beiden mehr vorstellen, wie es eigentlich angefangen hatte. Maxi hat inzwischen erfolgreich die Schule verlassen und meldet sich hin und wieder bei mir, um mich »auf dem Laufenden zu halten«.

Hier funktioniert das Prinzip der Statuswippe folgendermaßen: Dieser Schüler hat sich komplett im gesellschaftlich definierten Tiefstatus (»Ich bin ein schlechter Schüler«) eingerichtet. Wenn man ihm gegenüber im Lehrer-Hochstatus auftritt, verstärkt man nur seinen unbändigen Wunsch, sein Gegenüber (den Lehrer – und eigentlich: alle Lehrer/innen!) herabzusetzen. Der Schüler ist aber schon so frustriert und gedemütigt, dass er sogar diese Aggression nicht mehr nach außen, sondern nach innen richtet. Er sitzt nur noch da und versucht mühsam, seinen Raum, der ihm zunehmend schwindet, durch Pöbeleien zu verteidigen.

Hier muss der Lehrer schon ausgesprochen tief spielen, um dem Schüler das Gefühl eines höheren Status zu geben, ihn also auf der Wippe nach oben zu schicken. Daher mache ich mich komplett »zum Affen« und gehe so tief runter, dass schon komische Wirkung erzielt wird. Aber es funktioniert: Er geht ein Stückchen rauf, öffnet seinen Raum (er hebt den Kopf) und stellt einen Statusausgleich zwecks Kommunikation her: Er lacht und bittet mich aufzuhören.

2. Rollenspezifischer Tiefstatus – auf gesellschaftlich definierten Lehrer-Hochstatus verzichten

Bevor ich die Erfahrung gemacht hatte, dass es besser ist, *vor* den Schüler/innen im Klassenraum zu sein und auf das Lehrerpult zu verzichten, kam ich eines Tages in meine Klasse und musste feststellen, dass der »Lehrer« schon da war: Kevin saß vorne am Pult, blätterte im Klassenbuch und warf mir einen provozierenden Blick zu.

Daraufhin grüße ich ihn freundlich und setze mich auf den leer gebliebenen Platz im Klassenraum. Dort packe ich Stifte, Bücher, Papier aus, lege alles fein säuberlich vor mich hin und richte dann meinen Blick erwartungsvoll nach vorne. Kevin wirkt sichtlich irritiert. Ich melde mich, Kevin nimmt mich dran. Ich frage: »Was haben wir denn jetzt, Herr Schulz?«

Ein sehr lustiges Spiel beginnt: Kevin gibt eine geschlagene halbe Stunde Mathematikunterricht. Das macht er sehr gut. Vor allem ist er sehr »streng« mit seinen Schülern. Auch ich muss einmal zur Tafel und etwas vorrechnen. Da ich überhaupt keine Ahnung habe, worum es geht, hilft mir Kevin auf rührend geduldige Weise, und als auch er nicht mehr weiterkommt, steht eine Reihe anderer Schüler/innen auf und zeigt uns, wie es gehen könnte. Am Ende der Stunde stehe ich von einem Pulk Schülern umgeben an der Tafel, die mir alle sehr ernsthaft und bemüht den Satz des Pythagoras erklären.

Zur Analyse: Kevin hat ganz offensichtlich »meinen Raum« eingenommen und spielt mir gegenüber Hochstatus. Ich könnte mich nun auf ein Statusgerangel einlassen, indem ich »meinen« Platz und »meine« Position zurückfordere. Dafür müsste ich hoch spielen und ihn vor der ganzen Klasse im Status herabsetzen. Durch das Prinzip der Statuswippe wissen wir, was das bei ihm auslösen würde: Habe ich ihn herabgesetzt, wird er versuchen, wieder nach oben zu kommen, indem er wiederum meinen Status angreift. Für den Rest der Stunde würde Kevin sich ausschließlich damit beschäftigen, aber mit Sicherheit nicht mit den Unterrichtsinhalten.

Also lasse ich ihm seinen Hochstatus und nehme den mir zugewiesenen Tiefstatus an. Dadurch hebe ich den Status aller anderen, insbesondere aber den von Kevin. Nun, da das Ziel seiner Aktion gelungen ist, nämlich vor den anderen seinen Status zu heben, hat er plötzlich Raum und Zeit, seine Energie auf etwas Konstruktives zu richten: Er versucht, Mathematikunterricht zu geben, und muss in dieser Rolle erheblich mehr arbeiten, als wenn er einfach nur auf seinem Platz gesessen hätte.

Durch seine geduldige und freundliche Erklärung des Satzes von Pythagoras stellt er unbewusst einen Statusausgleich mit mir her: Wir kommunizieren entspannt und produktiv. Und durch meinen offensichtlichen Tiefstatus an der Tafel fühlen sich auch die anderen Schüler/innen herausgefordert, mir zu helfen: Sie empfinden sich im Hochstatus und sind ebenfalls bemüht, einen Statusausgleich mit mir herzustellen.

Verantwortung abgeben

Beim Theaterunterricht in der Aula verwenden wir regelmäßig eine umfangreiche Musikanlage mit Verstärker, Mischpult und mehreren Mikrofonen, dazu eine Scheinwerferanlage mit dazu gehörigem Mischpult, häufig auch einen Videobeamer mit Laptop. Wenn ich die Aulatür öffne und eine neue Gruppe von Schüler/innen hereinstürmt, ertappe ich mich jedes Mal bei dem bangen Gedanken: »Hoffentlich machen sie nichts kaputt.« Denn auf den ersten Blick sieht es immer so aus: Die Schüler/innen toben schreiend durch den großen Raum, rennen hierhin und dorthin und wollen alles ausprobieren. Und je mehr sie mir meine Angst, dass sie etwas kaputt machen könnten, angemerkt haben, desto mehr ging tatsächlich kaputt.

Auch dieses Problem lässt sich mit der Statuswippe lösen: Beharre ich auf meinem Hochstatus und bewache ängstlich alle technischen Geräte, gibt es für Schüler/innen keine größere Freude, als schnell mal zum Mischpult zu rennen, wenn ich gerade abgelenkt bin, alle Regler hochzuschieben, sodass ein fieser Übersteuerungston durch die Aula kreischt, oder irgendwelche Stecker zu ziehen, Tasten und Knöpfe zu drücken, Mikros zu klauen … Ganz klar: Ich spiele hoch, also fühlen sie sich tief und wollen meinen Status herabsetzen. Darum greifen sie mich dort an, wo ich am empfindlichsten reagiere.

Wenn ich ihnen verbiete, sich der Anlage zu nähern, oder Sanktionen ausspreche, wird alles nur noch schlimmer, denn damit biete ich den Schüler/innen, die nur nach Gelegenheiten suchen, ihren Status in der Gruppe zu heben, indem sie meinen Status senken, eine wunderbare Spielwiese. Nichts scheint spannender zu sein, als irgendein Kabel zu ziehen und dann zu gucken, wie ich reagiere. So kommt man nicht zum Unterrichten.

Die Reaktion des Hausmeisters: »Hier findet gar nichts mehr statt. Alle raus!« Das ist traurig, denn wofür haben wir die Aula mit ihrer gesamten Ausstattung, wenn sie zu einem musealen Ort wird, an dem einmal im Jahr eine Abschiedsfeier stattfindet? Also fasse ich mir ein Herz und spiele tief. Daraufhin fühlen sich die Schüler/innen hoch und übernehmen Verantwortung:

Ein Schüler bringt mich zur Verzweiflung, indem er immer wieder heimlich Kabel umsteckt oder alle Regler hochschiebt. Ich zwinge mich, gelassen zu bleiben, stelle mich neben ihn und sage: »Pass auf, ich brauche jemanden, der mir hier hilft. Ich kann nicht alles gleichzeitig machen. Außerdem kennst du dich mit der Technik bestimmt besser aus als ich. Ich mache dich zum Technik-Manager und von nun an bist du für die gesamte Anlage zuständig.«

Jetzt ist der Schüler im Hochstatus. Das ist sogar an seiner Körperhaltung zu erkennen: Er steht plötzlich mit stärkerer Körperspannung aufrecht da. Sein Blick ist konzentriert. All das alberne Herumschlackern hat schlagartig aufgehört. Er ist jetzt präsent.

Ruhig und freundlich erkläre ich dem Schüler alle Funktionen und worauf man beim Auf- und Abbauen der Anlage achten muss. Ich versuche, alle »Nicht-Sätze« zu vermeiden, formuliere also nicht: »Mach dies nicht, mach das nicht …«, sondern neutrale, positive Sätze: »Hier ist der Hauptschalter. Dies sind die Regler für die Mikrofone 1 bis 4. Wenn du diese Regler mit den anderen gleichzeitig hochschiebst, entsteht eine Übersteuerung. Das ist unprofessionell. Hier am CD-Player hast du folgende Möglichkeiten … Ansonsten probier alles selbst aus. Du weißt sicher mehr als ich.«

Der Schüler hat jetzt einen klaren Auftrag: Er muss (und will!) beweisen, dass er ein besserer Technik-Manager ist als ich. Auf diese Weise mache ich die Schüler/innen Schritt für Schritt zu Experten und gebe alle Verantwortung für die technischen Abläufe ab. Am Anfang dauert dadurch einiges länger. Aber die Zeit ist gut investiert: Schon bald werden Licht und Ton von einer kleinen Schülergruppe gesteuert, sodass ich mich auf andere Dinge konzentrieren kann. Sie machen es besser und genauer als ich. Bald bringen sie Zusatzgeräte von zu Hause mit, sodass ich lerne, wie man ein Handy an die Anlage anschließt, wie ich alle Musikstücke über Computer laufen lassen und Compilations einfacher und schneller erstellen kann, als ich es vorher immer – sehr umständlich – selbst gemacht hatte.

Am Ende muss ich dann immer über meine eigenen Ängste lachen: Die Schüler/innen gehen mit erheblich aufwendigerem technischen Gerät professioneller und gelassener um, als ich es mir jemals selbst zugetraut hätte. Es erscheint geradezu absurd, sich zu ängstigen, dass ausgerechnet *sie* etwas kaputt machen könnten. Insgesamt sehe ich auch hier: Sobald ich meinen Status senke und den Schüler/innen ehrlich etwas zutraue, sind sie um ständigen Statusausgleich und gute Kommunikation mit mir bemüht. Sie bringen sich ein, entwickeln Dinge weiter, denken selbst mit, sehen, was wir brauchen und wie es besser gehen könnte, und arbeiten wie fleißige Ameisen selbstständig an der gemeinsamen Sache.

4.3 Das Status-Paradoxon im Alltag

Hinter all diesen Beispielen verbirgt sich ein scheinbarer Widerspruch:

> Je häufiger Sie den Schüler/innen gegenüber bewusst in den Tiefstatus gehen und diese damit auf der »Wippe« nach oben schicken, desto mehr werden Sie von den Schüler/innen im Hochstatus wahrgenommen.

Denn dass wir den Schüler/innen gegenüber bereit sind, auf unseren gesellschaftlich verabredeten Hochstatus zu verzichten, bringt uns ihnen gegenüber auf menschlicher Ebene überhaupt erst Hochstatus ein. Einem Lehrer, der sich auf seinen gesellschaftlich definierten Hochstatus beruft, *gehorchen* die Schüler/innen – oder auch nicht. Aber einem Lehrer, der auf dieses institutionell verabredete Mittel zur Respektverschaffung bewusst verzichtet, *vertrauen* die Schüler/innen. Er wird für sie zu einer natürlichen Autorität und zum Vorbild. Die Schüler/innen lernen nicht mehr nur, um einer Strafe oder einer schlechten Note zu entgehen, sondern weil sie einen Sinn für sich selbst darin entdecken.

Das Paradoxe daran ist aber, dass dieses Vertrauen und die natürliche Autorität durch Statuswechsel nur entsteht, weil die Schüler/innen unseren gesellschaftlich definierten Hochstatus sowieso mitdenken – und unsere Bereitschaft, ihnen gegenüber in den Tiefstatus zu gehen, instinktiv als menschlichen (verinnerlichten) Hochstatus erkennen. Wären Sie die »rangniedrigste« Person in der Gruppe, könnten Sie keinen Hochstatus erzielen, indem Sie Tiefstatus spielen. Das gelingt nur, weil alle Schüler/innen den Lehrer immer und zu jeder Zeit im gesellschaftlichen Hochstatus sehen.

Sie werden also immer der Lehrer bzw. die Lehrerin sein. Und die Schüler immer die Schüler. Anbiederung wird niemals fruchtbar, gleichwertige »Freundschaft« niemals möglich sein. Ihre erzieherische Aufgabe verlangt zu jedem Zeitpunkt, dass Sie die Verantwortung tragen und somit niemals auf einer Ebene mit den Jugendlichen sein können. Und deshalb solten Sie auch nie »so tun, als ob«. Sie sollten niemals schauspielern im Sinne von »vortäuschen«. Sie sollen sich nicht anbiedern oder falsche Gleichmacherei betreiben.

Wenn Sie aber Tiefstatus *spielen*, täuschen Sie diesen nicht vor: Sie *zeigen* Tiefstatus. Sie zeigen eine menschliche Facette von sich selbst. Und dies tun Sie aus Respekt vor den Schüler/innen. Sie *wissen*, dass Sie im Hochstatus sind. Deswegen müssen Sie nicht um Ihren Rang kämpfen – Sie sind ja schon ganz oben. Aber Sie spielen Ihre Macht, also Ihren gesellschaftlich definierten Hochstatus, nicht aus. Indem Sie auf dieses Machtinstrument verzichten, zeigen Sie den Schüler/innen persönliche Stärke. Diese Souveränität wird anerkannt, und damit werden Sie für die Jugendlichen zu einer natürlichen Autorität.

> Sie müssen nicht mehr *autoritär handeln*, weil Sie eine *Autorität sind.*

Der Dreisatz des Status-Paradoxons

- Je stärker Ihr Wille zur Verantwortung ist, desto höher ist Ihr Status.
- Je höher Ihr Status ist, desto tiefer können Sie spielen.
- Je tiefer Sie spielen können, desto höher wird der Respekt, den die Jugendlichen Ihnen entgegenbringen. Denn sie wissen instinktiv: So tief kann nur jemand spielen, der in Wirklichkeit sehr hoch ist.

Wenn Sie Hochstatus verinnerlicht haben und für Ihre Schüler/innen die Verantwortung tragen, dann werden Sie Freude bei dem Gedanken empfinden, ihnen ein Diener und Mentor zu sein. Denn als versierter Statuswechsler täuschen Sie nichts Falsches vor, sondern Sie zeigen viele Facetten von sich selbst und behalten doch die Kontrolle, wann und wie dies geschieht. Damit bieten Sie den Jugendlichen eine viel größere Reibungsfläche für ihre Erfahrungen. Sie stellen sich mit Ihrer gesamten Persönlichkeit zur Verfügung, damit die Jugendlichen wachsen und ihre eigene Stimme finden können – Sie stellen sich in den Dienst der jungen Menschen.

Wenn Sie es schaffen, Ihren Schüler/innen am Anfang eines Schuljahres wie Keith Johnstone (siehe S. 50) zu sagen: »Alles, was in diesem Jahr nicht gelingt, liegt in meiner Verantwortung. Geht etwas schief, ist es niemals eure Schuld, immer meine«, dann haben Sie bereits einen sehr hohen Status und außerordentliche Autorität. Dieser Satz ist wie eine Verbeugung vor den Schüler/innen, weil er im absoluten Tiefstatus geäußert wird. Zu einer solchen Tiefstatusgeste ist nur der fähig, der die volle Verantwortung tragen *kann* – jemand, der Hochstatus verinnerlicht hat und nicht um seine Position fürchtet. Sinngemäß bedeutet dieser Satz aber auch: Ich stelle mich in euren Dienst, mit allem, was ich bin.

Solche Sätze sind allerdings mit Vorsicht zu genießen, wenn wir uns noch nicht sicher beim Statuswechsel fühlen. Wenn wir uns aber täglich dafür sensibilisieren, werden wir den »richtigen« Zeitpunkt erkennen, an dem wir plötzlich wissen, dass wir diese Verantwortung tragen können. Aber dafür braucht es Zeit.

Sie werden an sich selbst Folgendes feststellen: Wenn Sie unfreiwillig in den Tiefstatus gehen oder gebracht werden, fühlen Sie sich unterlegen und unsicher. Wenn Sie sich aber trauen, ganz bewusst in den Tiefstatus zu gehen, und dies selbst kontrollieren, fühlen Sie sich souverän und sicher. Und irgendwann wird sich der Satz »Alles, was hier passiert, liegt in meiner Verantwortung« richtig anfühlen, vielleicht sogar gut, und keine Ängste mehr bei Ihnen auslösen. Dies ist eine Frage der Zeit und der Arbeit an der inneren Haltung. Es ist keine Frage des Talents.

Den Statuswechsel »trainieren«

Die Basis für konstruktiv eingesetzte Tiefstatusverhaltensweisen ist immer ein verinnerlichter Hochstatus, d. h. Sie müssen sich sicher fühlen und sich die volle Verantwortung zutrauen, bevor Sie die Statuswippe erfolgreich anwenden können. Verinnerlichter Hochstatus ist keine Frage von Talent, sondern von Übung. Sie gewinnen an Sicherheit, wenn Sie folgende Hochstatusverhaltensweisen bewusst »trainieren«.

Positive Hochstatusverhaltensweisen

- Entspannte, freundliche Mimik, natürliches Lächeln, wenn angebracht
- Ruhige, gezielte Bewegungen
- Aufrechte, symmetrische Körperhaltung
- Gleichmäßige, tiefe Atmung bis in den Bauch
- In Räumen eine zentrale, mittige Positionen einnehmen
- Den Raum entspannt nutzen und »füllen«, indem Sie alles darin wahrnehmen und sich selbstverständlich darin bewegen, als wären Sie bei sich zu Hause.
- Offene Körperhaltungen: sich dem »Gegner« immer furchtlos und ohne »Deckung« präsentieren, verschränkende oder kauernde, abschirmende Körperhaltungen auf jeden Fall vermeiden.
- Dringt jemand in Ihren »Raum« ein (sowohl psychologisch als auch physisch), weichen Sie *nicht* zurück, zeigen Sie keine Beeinträchtigung Ihrer Stimmung, bleiben Sie unbeeindruckt und entspannt und weichen Sie nicht von der Stelle (sowohl psychologisch als auch physisch).
- Reagieren bzw. antworten Sie nicht zu schnell. Warten Sie einen Augenblick länger, als Sie es instinktiv tun würden, bevor Sie auf Ihr Gegenüber reagieren.
- Achten Sie auf klaren, bewussten (längeren) Blickkontakt, weichen Sie keinem Blick aus. Wenn Sie sich angegriffen fühlen, sehen Sie Ihren »Gegner« lange und ruhig an, dann wenden Sie den Blick bewusst ab und schauen nicht mehr zurück.
- Trainieren Sie bewusst, die Zeit und die Inhalte von Gesprächen zu steuern, indem Sie Pausen machen oder absichtlich neue Impulse setzen.
- Trainieren Sie, Schweigepausen zu setzen und diese entspannt auszuhalten.
- Vermeiden Sie beim Sprechen »Äh's« oder Wortwiederholungen.
- Achten Sie auf eine dem Raum angemessene Lautstärke.
- Wenn Sie sich beim Sprechen in einer sitzenden Haltung befinden, lehnen Sie sich entspannt zurück und blicken Sie offen in den Raum. Auch hier gilt: Präsentieren Sie sich ungeschützt und vertrauensvoll, beugen Sie sich beim Sprechen nicht vor, verschränken Sie nicht die Hände vor dem Körper. (Das lockere Verschränken der Arme *hinter* dem Kopf, also mit den Händen eine Stütze für den Kopf zu bilden, ist erlaubt; diese Geste signalisiert Hochstatus.)
- Konzentrieren Sie sich jeweils nur auf einen Aspekt, lassen Sie sich nicht in Ihrer Aufmerksamkeit »zerfasern« oder gar hetzen.
- Sprechen Sie Personen mit deren Namen an.
- Wenn es angebracht ist, testen Sie, wie es sich anfühlt, in den Raum anderer einzudringen (z. B. indem Sie eine Hand auf den Arm Ihres Gesprächspartners legen oder besonders nah an ihn herantreten).

Zwischen Hoch- und Tiefstatus besteht eine riesige Bandbreite an Facetten, die Sie sich bewusst machen können, indem Sie täglich »kleine Experimente« durchführen und tatsächlich ausprobieren, wie es sich anfühlt, wenn Sie bewusst Statusgesten einsetzen. Sie werden feststellen, dass Ihre Kommunikationspartner zwangsläufig darauf reagieren. Denn es gibt kein Gespräch, keine einzige Situation unter Menschen, in der »neutral« kommuniziert wird.

Sie können sich den Spaß machen, alltägliche Situationen oder auch Filme und Theaterstücke gezielt unter Statusaspekten zu beobachten: Wer hat den höheren Status? Woran liegt das? Wann wechselt der Status und wodurch? Besonders geeignet für dieses Thema sind die Filme von Charlie Chaplin. Aktueller und ebenso aufschlussreich sind aber auch »Borat« oder »Isch kandidiere« von Hape Kerkeling. In all diesen Beispielen wird Komik dadurch erzielt, dass Menschen in ihrem gesellschaftlich definierten Status herabgesetzt werden und offenbar nicht über die Fähigkeit zum Statuswechsel verfügen. Sie laufen blind in die ihnen gestellten Fallen, weil sie sich auf die gesellschaftlich verabredeten Status-Codes verlassen und nicht in der Lage sind, den »Angriff« ihres Gegenübers durch Statuswechsel zu parieren.

Gerade Lehrer/innen sind durch diese Art von »Komik«, die auf Herabsetzung ihres gesellschaftlich definierten Status basiert, besonders gefährdet, denn jeder Schüler wünscht sich im Stillen, ein solcher »Borat« oder »Hape« zu sein. Daher ist es sehr nützlich für Lehrer/innen, diese Statusspiele zu durchschauen und sich durch Statuswechsel vor eventuellen Demütigungen zu schützen – wie im obigen Beispiel, als ein Schüler die Lehrerrolle eingenommen hatte (siehe S. 119 f.). Weitere, dem konkreten Erziehungsprozess nähere Filmbeispiele, in denen sich Statusspiele gut beobachten lassen, sind »Vier Minuten« (mit Hanna Herzsprung und Monika Bleibtreu) oder auch »Die Kinder des Monsieur Mathieu«.

Die oben genannten Hochstatusverhaltensweisen bewirken bei längerem Training eine Verinnerlichung von Hochstatus, der es

Ihnen möglich macht, auf Ihren rein gesellschaftlich definierten Lehrer-Hochstatus zu verzichten und stattdessen ein versierter Statuswechsler zu werden, der in der Lage ist, die folgenden Tiefstatusverhaltensweisen anzuwenden.

Positive Tiefstatusverhaltensweisen

- Überlassen Sie den Schüler/innen die »Herrschaft« über Inhalte, Zeit, Raum und die Gegenstände im Raum, wann immer das möglich und produktiv ist. Konkret heißt das:
- Geben Sie Verantwortung an die Schüler/innen ab.
- Trauen Sie den Schüler/innen Eigenständigkeit und Höchstleistungen zu.
- Lassen Sie die Schüler/innen auch mal etwas alleine lösen und greifen Sie in Konfliktsituationen nicht zu früh ein.
- Überlassen Sie den Schüler/innen auch einmal den Raum – auch ganz wörtlich, indem Sie selbst diesen verlassen.

Inneren Hochstatus trainieren – Konzept versus Betroffenheit

Die größte Gefahr im Lehrerberuf besteht darin, im Hamsterrad des Alltags den Sinn der beruflichen Aufgabe aus dem Blick zu verlieren. Für eine innere Hochstatushaltung (als Gegensatz zur Opferhaltung) ist das Bewusstsein für die übergeordnete Zielsetzung des eigenen Handelns die Grundvoraussetzung. Daraus ergeben sich nämlich erstens jegliche Motivation und damit auch die Kraft, sich den Herausforderungen dieses Berufes zu stellen, und zweitens die Fähigkeit, zwischen persönlicher Betroffenheit und professioneller Haltung zu unterscheiden.

Worum geht es in diesem Beruf? Es geht jeden Tag bei jeder Begegnung mit jeder Schülerin und jedem Schüler immer wieder um diese eine große Sache: Den Ausschlag dafür zu geben, dass das Kind eine positive Lernerfahrung (fürs Leben) machen kann. Dafür ist ein versierter Umgang mit Distanz und Nähe die Grundvoraussetzung. Wenn wir immer zu »lieb sind« (Tiefstatus), lernen die Schüler nichts. Wenn wir immer zu streng sind (Hochstatus), bevormunden und lenken wir zu stark, sodass selbstständiges Denken verhindert wird. Wenn wir Profis in diesem Beziehungsberuf werden wollen, müssen wir situationsangemessen zwischen Nähe und Distanz changieren – je nachdem, was die Lern- und Erziehungssituation gerade erfordert. Das bedeutet nichts anderes, als dass wir auf der Statusskala jeden Status spielen können müssen, abhängig von der jeweiligen Situation, nämlich: je nachdem, was das Kind oder der Jugendliche vor uns gerade braucht, um eine Lernerfahrung zu machen. Wenn wir allerdings persönlich betroffen sind, können wir nicht mehr professionell reagieren. Dann reagieren wir instinktiv mit unserem natürlichen Statusverhalten, auf das wir unbewusst zurückgreifen, wenn wir uns bedroht fühlen. Ein natürlicher Tiefstatusspieler wird in der Krise beispielsweise immer Harmonie, also Nähe herstellen wollen. Ein anderer wird bestrebt sein, Distanz herzustellen, womöglich auch unangemessen aggressiv reagieren oder sich komplett zurückziehen. Das kann aber für eine pädagogische Situation vollkommen unangemessen, vielleicht sogar schädlich sein. Daher ist es so wichtig, zwischen Betroffenheit und Konzept unterscheiden zu können und nicht unserem unbewussten Statusverhalten ausgeliefert zu sein. Wir sollten uns immer darüber im Klaren sein, dass wir eine große Verantwortung tragen. Wir sollten uns gedanklich jederzeit mit der Relevanz unserer beruflichen Aufgabe verkoppeln. Nichts von dem, was wir tun oder sagen, ist beliebig oder »egal«. Alles hat eine Wirkung. Und im besten Fall helfen wir den uns anvertrauten Kindern und Jugendlichen auf einen Weg, der sie im späteren Leben selbstbestimmt handeln und glücklich werden lässt.

Jeder Mensch hat eine sogenannte »Status-Komfortzone«. Die einen agieren tendenziell eher im Hochstatus- die anderen tendenziell eher im Tiefstatusbereich. Erst, wenn wir uns unserer inneren Haltung bewusst werden und nach außen jeden Status zwischen hoch und tief spielen können – und uns dies auch trauen –, können wir wirklich frei und verantwortungsvoll agieren.

Auf der Statusskala jeden Status situationsangemessen bedienen zu können, hat nichts mit Schauspielen im Sinne von Vortäuschen zu tun. Es geht vielmehr darum, das Richtige zur richtigen Zeit tun zu können und damit dem Kind den nächsten Schritt, die nächste Erkenntnis zu ermöglichen. Beispielsweise dem bockigen, sich verweigernden Kind einen würdevollen Weg aus dem eigenen Dilemma heraus zu ebnen. Das können wir nur, wenn wir nicht persönlich betroffen sind. Wir müssen weiter schauen, über diesen gegenwärtigen Moment hinaus. Denn ein kleines Kind oder ein pubertierender Jugendlicher im Wutanfall können schwer Konsequenzen bedenken. Wir aus der Distanz heraus aber schon. Und das ist auch unser Job. Wir tragen die Verantwortung.

Wenn wir also gelernt haben, über unsere Status-Komfortzone hinaus agieren zu können, sind wir frei, den Status einzunehmen, den das Kind gerade als Gegenüber braucht. Wir können tief oder hoch spielen, je nachdem, was gerade notwendig ist. All unsere Bemühungen müssen also dahin ausgerichtet sein, an unserer inneren (Hochstatus-)Haltung zu arbeiten, um nach außen bewusst und verantwortungsvoll in jedem Status agieren zu können, der benötigt wird. Wir müssen jedes Statusverhalten auf der Statusskala anbieten können.

Dies lässt sich trainieren. Besonders fruchtbar ist das Training mit unseren Schüler/innen. Denn es geht bei diesem gesamten Thema nicht um Herrschaftswissen im Sinne von »geheimen Tricks«, sondern um eine Haltung der absoluten Angstfreiheit und Transparenz. Wir müssen nicht fürchten, an Autorität zu verlieren, wenn wir unser Wissen mit den Schüler/innen teilen. Ganz im Gegenteil entsteht genau auf diese Weise wirkliche (natürliche) Autorität – und das Wissen vermehrt sich im gemeinsamen Erproben. Unsere Schüler/innen lernen (genau wie wir selbst) etwas fürs Leben (siehe die Übungen in Kapitel 4.4).

Falls Sie genug von Ratschlägen haben, können Sie diese Liste auch getrost überspringen. Mir persönlich hilft es aber tatsächlich, mir die folgenden Punkte stets aufs Neue bewusst zu machen. In der Annahme, dass es dem ein oder anderen ähnlich ergeht, liste ich sie hier noch einmal auf.

Mentales Trainingsprogramm

- Ignorieren Sie Fehler und negative Verhaltensweisen. Suchen Sie bewusst nach Stärken und Fähigkeiten Ihrer Schüler/innen und nach »guten Momenten« im Alltag. Konzentrieren Sie sich zunehmend nur noch auf die positiven Aspekte und Situationen und stoppen Sie ganz bewusst negative Gedankenschleifen.
- Wenn Sie in eine Konfliktsituation geraten oder glauben, in einer Krise zu stecken, denken Sie an den folgenden (wahren) Satz: *Umwege erhöhen die Ortskenntnis!*
- Nehmen Sie Ihre eigenen Bedürfnisse ernst und hören Sie auf Ihren Instinkt. Trauen Sie Ihrer eigenen Einschätzung von Situationen und lassen Sie sich zu nichts überreden, das sich von vornherein schon falsch anfühlt. Achten Sie darauf, dass es Ihnen gut geht und dass Sie selbst Spaß haben, denn Spaß und Arbeit schließen sich nicht aus. Ganz im Gegenteil: Nur der, dem die Arbeit Spaß macht, kann sie wirklich gut machen.
- Wenn Sie von »Spaß« sehr weit entfernt sind, dann fragen Sie sich, ob Sie die Schwerpunkte in Ihrem Berufsalltag anders setzen können. Nicht alle Anforderungen, angeblichen »Deadlines«, »No Go's« und »Don'ts« sind so zwingend, wie sie auf den ersten Blick erscheinen. Nicht alle Vorschriften sind sinnvoll. Es ist niemandem geholfen – auch nicht Ihren Schüler/innen –, wenn es Ihnen schlecht geht und Sie alle Freude am Alltag verlieren.
- Verwalten Sie sich selbst wie eine Firma. Haushalten Sie klug mit Ihren Ressourcen. Stellen Sie die verantwortliche und qualitative Arbeit mit den Jugendlichen an erste Stelle. Trauen Sie sich, ein versierter Statuswechsler zu sein und sehen Sie Ihren Alltag als ständiges fruchtbares »Übungsfeld«.
- Lernen Sie, Nein zu sagen, wenn Ihre einzelnen »Abteilungen« überlastet sind. Ihre »Firma« soll schließlich nicht vorzeitig bankrottgehen. Wenn Sie selbst ein »qualitativ hochwertiges Unternehmen« sind, das immer darum bemüht ist, sich im positiven Sinne weiterzuentwickeln und besser zu werden, dann brauchen Sie sich nichts vorzuwerfen.

- Wenn Sie etwas nicht schaffen oder nicht können, dann ist das im Allgemeinen kein Untergang. Der Gedanke daran, etwas nicht zu schaffen, ist oft schlimmer als die befürchtete Situation selbst. Was soll denn schon groß passieren? Was wäre das »Worst-case«-Szenario, wenn Sie etwas nicht schaffen? (Niemand wird sterben. Sie kommen nicht ins Gefängnis. Sie verlieren nicht Ihren Job. Vielleicht ist jemand beleidigt oder unzufrieden mit Ihnen. Vielleicht müssen Sie Ihre Haltung das eine oder andere Mal mit überzeugenden Argumenten vertreten und damit leben, dass nicht alle Ihrer Meinung sind. Aber Schlimmeres wird nicht passieren.)
- Natürlich darf dies nicht als »Freibrief für Faulheit« verstanden werden, aber die angebliche »Faulheit« von Lehrer/innen ist ohnehin nicht die Ursache für die derzeitigen Probleme an unseren Schulen. (Wahrscheinlich gibt es im Lehrerberuf genauso viele oder wenige »bequeme« Menschen wie in anderen Berufen auch.)
- Konzentrieren Sie sich im Beruf auf das, was Sie können und was Ihnen Freude macht, denn dort leisten Sie Ihren wertvollsten Beitrag. Richten Sie sich eine »Kreativabteilung« ein, in der Sie eigene Ideen für guten Unterricht entwickeln und ausprobieren.
- Trainieren Sie Furchtlosigkeit und Vertrauen in Ihre Fähigkeiten. Kein Lehrer kann so sein wie ein anderer. Kein anderer Lehrer verfügt über dieselben Fähigkeiten und Erfahrungen wie Sie. Vergleichen Sie sich nicht mit Kolleginnen und Kollegen.
- Versuchen Sie, selbst Ihr strengster und aufmerksamster Kritiker zu sein.

4.4 Übungen zur Statuslehre (Teil 1 bis 5)

Die meisten folgenden Übungen (Teil 1 bis 3) habe ich immer wieder mit meinen Schüler/innen erprobt. Gerade in der Kommunikation mit ihnen habe ich unfassbar viel gelernt. Und was die Schüler/innen dabei lernen, liegt natürlich auf der Hand. Wir tun hier nichts Geringeres, als sie zu selbstbestimmtem, verantwortungsvollem Handeln zu erziehen und ihnen dabei das kommunikative Rüstzeug zu vermitteln, das sie

- in Bewerbungssituationen,
- in ihren Beziehungen untereinander,
- in allen institutionellen Kontexten,

- am Ausbildungsplatz,
- in ihren Familien
- und beim Aufbau eines selbstbestimmten eigenen Lebens so dringend benötigen.

Teil 4 richtet sich an Lehrer/innen, Teil 5 an Lehrer/innen und Schüler/innen.

Teil 1: Übungen zur Präsenz im Raum – Sensibilisierung für bewussten Hoch- und Tiefstatus

Aufeinander zugehen mit Blickkontakt in verschiedenen Statusvarianten

Auf der einen Seite des Raumes stehen eingige Spieler/innen[4] (beispielsweise acht) nebeneinander in einer Reihe. Direkt gegenüber auf der anderen Seite des Raumes sitzen (acht) Spieler/innen in einer Reihe auf Stühlen. Jeder stehende Spieler hat ein sitzendes Gegenüber. Die stehenden Spieler sind die »Schauspieler«, die sitzenden Spieler sind die »Zuschauer«. Die Schauspieler müssen ihren »Plan durchziehen« (Konzept), d. h. sie dürfen nicht auf die Reaktionen ihres Zuschauers reagieren (Betroffenheit).

1. ***Variante – Blickkontakt.*** Der Spieler muss im absoluten Hochstatus auf seinen Zuschauer zugehen. Wenn er »privat« wird, also in den Tiefstatus geht und Nähe herstellt (durch Lächeln, Augenzwinkern, Lachen, mit Blicken Botschaften der Nähe sendet), senkt der Zuschauer den Daumen und schickt den Spieler an die Startposition zurück. Der Spieler muss durchgehend Distanz zum Zuschauer wahren, unabhängig davon, welche »Kontaktangebote« durch Blicke oder Gesten der Zuschauer sendet (Konzept durchhalten).
2. ***Variante – Blickkontakt.*** Der Zuschauer darf nun ganz bewusst »Faxen machen« und versuchen, den Spieler von seinem (Hochstatus-)Konzept abzubringen.
3. ***Variante – Blickkontakt.*** Der Spieler bleibt an einer Stelle stehen und lächelt seinen Zuschauer bewusst an. (Hier ist es wichtig, so lange zu warten, bis der Spieler merkt: »Jetzt ist mein Lächeln echt.« Das dauert eine Zeit, denn wir spüren bei dieser Übung, dass wir zunächst künstlich lächeln. Es dauert eine Weile, bis wir auf unser tatsächliches Lächeln »Zugriff haben«.)

---

4 Im Folgenden Übungskontext spreche ich bewusst ganz allgemein von »Spieler/innen« (also vor allem Schüler/innen in ihrer Rolle als »Spieler/innen«).

Dann friert der Spieler sein Lächeln plötzlich bewusst wieder ein und vollendet seinen Hochstatusgang.
Hier wird ein bewusster Statuswechsel von hoch nach tief (Lächeln = Nähe) und dann wieder zurück in den Hochstatus erlebt und körperlich erfahrbar gemacht.

4. ***Variante – Lächeln trotz Demütigung.*** Der Spieler geht lächelnd auf sein Gegenüber zu, obwohl sein Gegenspieler abwertende Gesten macht bzw. lacht oder ihn verulkt (innen hoch, außen tief! – »Jesus-Variante«).
5. ***Variante – Statusduell.*** Die zwei sich gegenüberstehenden Spieler gehen im Hochstatus aufeinander zu, bis sie direkt voreinander stehen. Dann wird der Status »ausgefochten«: Die beiden Spieler schauen sich im Hochstatus in die Augen – bis einer lacht. Wer als Erstes lacht (in den Tiefstatus geht), hat verloren. (Dies ist nur eine Übung! Im wahren Leben gewinnt derjenige, der ein »Status-Gerangel« durchbricht und bewusst in den Tiefstatus geht: »Der Klügere gibt nach.« :-))

Zwischen den Varianten 1 und 4 besteht übrigens ein großer Unterschied. In der Variante 1 handelt es sich um den Hochstatus der Macht. Hier wird kalte Distanz gesendet. Unabhängig davon, ob der Zuschauer Nähe oder Ablehnung signalisiert, begegnet ihm der Schauspieler mit unpersönlicher Distanz. In der Variante 4 handelt es sich dagegen um den Hochstatus der Liebe. Er ist nach außen tief und innen sehr hoch. Der Spieler stellt Nähe zum Zuschauer her, unabhängig davon, ob dieser ablehnend oder freundlich reagiert. Der Spieler bleibt in einer nahen, zugewandten Haltung zum Zuschauer. Er signalisiert dabei: »Ich sehe dich und schätze dich. Unabhängig davon, wie du dich aufführst. Ich sehe deinen Kern und mag dich, unabhängig davon, was du nach außen zeigst.« Wird die Variante 4 wiederholt im Raum mit anderen trainiert, führt dies zu einer Sensibilisierung für die eigene Betroffenheit. Reagiere ich innerlich verletzt oder beleidigt, oder kann ich mich mit meinem Auftrag verkoppeln und mein Konzept durchhalten? Bin ich stark genug, um den Hochstatus der Liebe durchzuhalten?

Jubelspalier und Spottspalier

Alle bilden im Raum ein Spalier. Ein Spieler geht an den Anfang des Spaliers, das er gleich langsam durchschreiten soll. Er sagt vorher an, ob er sich ein »Jubelspalier« oder ein »Spottspalier« wünscht und in welchem Status er dieses durchschreiten möchte,

- zum Beispiel: »Ich wünsche mir ein Jubelspalier und werde dieses im doppelten Tiefstatus durchschreiten. (Ich gehe also sehr schnell hindurch – in einer asymmetrischen, geduckten Körperhaltung, mit Kichern, abwehrenden Gesten, – und nicht loben, bitte! Ich kann doch gar nichts!)«
- Oder: »Ich wünsche mir ein Jubelspalier und werde dieses im Hochstatus der Macht (innen und außen hoch) durchschreiten. (Ich gehe also erhobenen Hauptes mit distanziertem Blick und gemessenen Schrittes hindurch und signalisiere Distanz.)«

Am Ende angekommen, dreht sich der Spieler um und darf ein Feedback von der Gruppe einfordern. Alle heben den Daumen, so hoch oder so tief, wie ihrer Meinung nach die Wirkung des Auftritts der angesagten Ankündigung entsprach. Falls die Wirkung deckungsgleich mit der Ankündigung war, ist der Daumen oben, falls es Abweichungen gab, ist der Daumen dementsprechend nach unten gebogen.

Wenn der Spieler ein differenzierteres Feedback wünscht, darf er dann einen Spieler auswählen, der ihm auch verbal Feedback gibt und seinen Eindruck vom Auftritt ausführlicher beschreibt: Wo entstand Tiefstatuswirkung, wo wirkte es eher wie Hochstatus, wo war die Wirkung widersprüchlich?

Folgende Varianten sind möglich:

- ***Spottspalier und Hochstatus der Liebe (innen hoch, außen tief).*** Die Jesus-Nummer – Hochstatus der Liebe. Der Spieler reagiert überhaupt nicht auf die Demütigungen aus dem Spalier, sondern schaut den Einzelnen freundlich und offen ins Gesicht.
- ***Spottspalier und Hochstatus der Macht (innen hoch, außen hoch).*** Der gefürchtete Diktator kümmert sich nicht um die Meinung »des Pöbels« und reagiert überhaupt nicht.
- ***Spottspalier und doppelter Tiefstatus (innen tief, außen tief).*** Der unsichere Clown schaut an sich herab und versucht, den Fehler an sich zu finden. Er macht entschuldigende, hektische Gesten und reagiert traurig und verunsichert. Er könnte auch anfangen zu heulen.
- ***Spottspalier und Hochstatus der Angst (innen tief, außen hoch).*** Der gehasste und lächerliche Diktator sendet strafende Blicke und zeigt sich empört. Es ist mit grausamen Strafen zu rechnen. (:
- ***Jubelspalier und Hochstatus der Liebe (innen hoch, außen tief).*** In dieser Variante muss der Spieler, der durch das Spalier schreitet, versuchen, den Jubel abzuwehren und die allgemeine Freude mit den anderen zu teilen,

dennoch bleibt er ruhig und gelassen und zeigt seine Freude in bescheidener, zurückhaltender Weise.

- ***Jubelspalier und Hochstatus der Macht (innen hoch, außen hoch).*** Der gefürchtete Diktator findet den Jubel absolut angemessen und reagiert nicht darauf.
- ***Jubelspalier und doppelter Tiefstatus (innen tief, außen tief).*** Der unsichere Clown wehrt den Jubel hektisch und kichernd ab und beeilt sich, geduckt und möglichst schnell durch das Spalier durchzukommen.
- ***Jubelspalier und Hochstatus der Angst (innen tief, außen hoch).*** Der gehasste und lächerliche Diktator ist eitel und spornt die Jubelnden humorlos an, noch mehr zu jubeln.

Das Durchschreiten von Spott- oder Jubelspalieren in unterschiedlichen Statusvarianten ermöglicht eine äußerst prägnante Selbsterfahrung, insbesondere dann, wenn ich mich traue, mir anschließend differenziertes Feedback von meinen Mitspielern einzuholen. Oft beabsichtigen wir etwas anderes als das, was tatsächlich nach außen sichtbar ist: Hier erfahren wir die Differenz zwischen Selbst- und Fremdwahrnehmung.

Darüber hinaus erleben wir die Gradwanderung zwischen Betroffenheit und Konzept: An welchen Stellen erleben wir Unsicherheit und kommen von unserem geplanten Konzept ab?

Teil 2: Präsenz im Raum und bewusstes Auftreten

Auftrittsübung 1

- Alle erhalten ein weißes Blatt Papier. Jeder soll für sich einen Satz aufschreiben, den er auf der Bühne sagen möchte, und steckt die Notiz in seine Hosentasche (Kontrolle, damit niemand während des weiteren Ablaufes seinen Satz verändert). Es werden keine weiteren Vorgaben zur Art des Satzes gemacht.
- Alle setzen sich in zwei Stuhlreihen vor die Bühne. Die Spielleitung zählt laut einmal durch, sodass jeder Spieler eine Nummer hat und weiß, wann er dran ist.
- Die Spielleitung erklärt einen genauen Weg und Bewegungsablauf auf der Bühne, der von allen einzeln durchgeführt werden soll: auf die Bühne gehen, einen vorgeschriebenen Weg zur hinteren Bühnenwand nehmen, dort in der Mitte mit Blick ins Publikum stehen bleiben und fünf Sekunden

zählen (lautlos); geradeaus, mittig nach vorne an die Bühnenrampe gehen, stehen bleiben, den notierten Satz sprechen, wieder fünf Sekunden zählen und zur anderen Seite abgehen.

- In der Reihenfolge, wie die Spieler in der ersten Reihe sitzen, finden die Auftritte statt. Die Spieler/innen in der zweiten Reihe schauen in dieser Runde nur zu. Es wird nicht unterbrochen, bis der letzte Spieler aufgetreten ist: Der erste Spieler geht allein auf die Bühne, nimmt den vorgeschriebenen Weg, spricht seinen Satz, wartet und geht ab. Alle klatschen. Dann geht der nächste Spieler auf die Bühne usw., bis alle ihren Satz präsentiert haben.
- Wenn alle Spieler/innen der ersten Reihe wieder an ihrem Platz sitzen, drehen sie sich um, zeigen den hinter ihnen sitzenden Spieler/innen ihr Blatt Papier und erhalten ein Feedback: Wurde tatsächlich der Satz gesagt, der auf dem Papier steht? Wurde etwas vergessen (Ablauf)?
- Die Spieler/innen der ersten Reihe berichten, was sie während der Übung »durchgemacht« haben: Es folgt ein Gespräch über die »innere Stresskurve«, die man beim eigenen Auftritt empfunden hat. Es soll nicht über den Inhalt der Sätze oder die Qualität des Auftritts gesprochen werden, sondern ausschließlich über das innere Empfinden jedes Einzelnen bei dieser Übung. Konnte das Konzept – trotz innerem Stress – umgesetzt werden?
- Anschließend setzen sich die Spieler, die gerade dran waren, nach hinten und die hinteren Spieler nach vorne. Jetzt ist die zweite Gruppe dran. Ablauf wie oben.

Hier soll deutlich werden, dass Stress bei einem Auftritt vor anderen Menschen etwas ganz Normales ist und dass dieser Stress die Konzentration beeinträchtigt (Betroffenheit versus Konzept). Die Spieler/innen sollen sich darüber klar werden, zu welchen Zeitpunkten der Stress am größten ist und warum sie Dinge vergessen oder anders präsentiert haben, als sie es vorhatten. (Es passiert zum Beispiel fast immer, dass man unmittelbar nach dem eigenen Auftritt den direkt anschließenden Auftritt »vergisst« bzw. nicht wahrnimmt, weil man mit der Reflexion des eigenen Auftritts beschäftigt ist, ihn »verarbeiten« muss. Diese Erkenntnis ist sehr interessant für Lehrkräfte, denn auf diese Weise entstehen in unserem Unterricht die »blinden Flecken«, Situationen, die wir nicht wahrnehmen, und daher hinterher ratlos sind, »wie es dazu kommen konnte«. Sobald unsere innere Stresskurve hochgeht, verlieren wir massiv an Aufmerksamkeit und übersehen Schüler/innen und situative Zusammenhänge.)

Die Bewusstwerdung dieser inneren Abläufe ist wichtig, um später zunehmend kontrolliert mit diesen »inneren Fallen« umgehen zu können, nämlich: erstmal warten, atmen, und dann *bewusst* reagieren – nicht affektiv aus dem Bauch heraus.

Auftrittsübung 2
Gleicher Ablauf wie oben, nur werden jetzt neue Sätze und damit auch andere Auftritte vorbereitet. Diesmal lautet die Aufgabe: Überrasche dein Publikum (mit einem Satz).

Zwangsläufig wird jetzt der Auftritt lebendiger, weil der Satz und damit der Auftritt auf das Ziel hin gedacht wird. Wie reagiert das Publikum, wenn die Überraschung gelingt? (Hier wird erfahrbar, dass man Überraschung beim Gegenüber fast immer durch einen inszenierten Statuswechsel erzielt.)

Hinterher folgt ein Gespräch darüber: Wieder zeigen die Spieler/innen, die gerade aufgetreten sind, den Spieler/innen der zweiten Reihe ihren Zettel, auf dem sie ihren »Auftrittsplan« skizziert haben. Feedbackfragen:
- Was habe ich gesehen?
- War ich überrascht und warum? (1. Stufe der Sensibilisierung für die Wirkung und Spannung eines Auftritts)
- Habe ich das gesehen, was auf dem Zettel skizziert ist? Gab es Abweichungen zwischen Konzept und Ausführung? Woran lag das?

Auftrittsübung 3
Gleicher Ablauf und gleiches anschließendes Feedbackverfahren wie in Auftrittsübung 2. Die Aufgabe lautet aber: Renne an die Bühnenrampe und brülle das Publikum mit voller Kraft an. Finde danach einen »richtigen«, also stimmigen Abgang (Hochstatus der Angst – Der Kläffer).
Dabei muss (etwa in Feedbackgesprächen) die Wahrnehmung geschult werden hinsichtlich folgender Fragen:
- Wie lange muss ich nach meinem »Ausbruch« auf der Bühne verharren, um die Kraft des Auftritts nicht zu schwächen? (Denn dann könnte die Darstellung noch als innen hoch, außen hoch (Hochstatus der Macht) interpretiert werden. Meistens aber gelingt es »dem Kläffer« nicht, den Moment des Abgangs geschickt zu timen, sodass er lächerlich wirkt.)
- Wie wirkt der Auftritt? (Authentisch? Überraschend? Künstlich, aufgesetzt? Wann und warum lacht das Publikum?)
- Gab es eine Steigerung der Spannung?

- Gab es Abfälle in der Spannung, wann genau und warum?
- An welcher Stelle kippt der (vermeintliche) Hochstatus in den Tiefstatus?
- Warum finden wir diesen Auftritt unsympathisch oder komisch – oder beides?

Die Feedbackgespräche finden wie oben beschrieben statt. Anlass des Gesprächs zwischen den beiden Gruppen sind immer die skizzierten Konzeptpläne auf den Zetteln: Was steht da – und was habe ich tatsächlich gemacht? Wo entstand eine Wirkung, die nicht intendiert war? Die tatsächliche Wirkung wird möglichst genau beschrieben und auf Statusgesten hin analysiert. Welche Gesten, welche Körperhaltung ließ welche Statuswirkung entstehen?
Anschließend kann eine Zusammenfassung der Erkenntnisse aus den Einzel-Feedbacks im Plenum geführt werden.

Die Spielleitung muss das auswertende Gespräch dahingehend führen, dass ehrliche Aussagen gemacht werden. Alle Menschen haben nämlich ein intuitives Gespür dafür, was »richtig« oder »falsch« ist. Dafür gibt es keine Rezepte. Man kann dieses Gespür nur bewusst machen und schärfen, indem man es häufig trainiert und sein eigenes Gespür ernst nimmt. Alle Äußerungen müssen wertschätzend und stärkenorientiert sein. Es geht nicht darum, »Fehler« zu finden.

Auftrittsübungen für Fortgeschrittene:

Auftrittsübung 4 (nach Keith Johnstone)
Gleicher Ablauf wie oben beschrieben, aber die Aufgabe lautet: Gehe auf die Bühne und unterhalte dein Publikum, halte es in Spannung, so lange wie möglich. Alles ist erlaubt. Du musst die Bühne verlassen, wenn ein oder mehrere Zuschauer »Langweilig« rufen. Versuche, so lange wie möglich auf der Bühne zu bleiben!

Diese Übung muss mit Humor und Sportsgeist genommen werden. Die Zuschauer müssen wirklich ehrlich sein. Als Spielanregung kann die Spielleitung Requisiten oder Bühnenteile, wie z.B. Quader, Würfel, Stühle, Tücher, Kostümteile, zur Verfügung stellen. Für Lehrkräfte ist diese Übung sehr aufschluss- und lehrreich, denn die Schüler/innen sind in der Regel sehr ehrlich.

Auftrittsübung 5
Gleicher Ablauf wie oben. Die Aufgabe lautet: Zeige einen Hochstatus-Auftritt! Entscheide dich für »Hochstatus der Macht« (innen hoch, außen hoch) oder »Hochstatus der Liebe« (innen hoch, außen tief). Das Publikum darf sich nun aber »schlecht benehmen«.
Feedback: Wo waren Gefahren von Betroffenheit spürbar? Waren diese auch sichtbar fürs Publikum?

Auftrittsübung 6
Gleicher Ablauf wie oben. Die Aufgabe lautet: Zeige einen Tiefstatus-Auftritt (innen tief, außen tief oder innen tief, außen hoch).
Feedbackfragen: Welche Wirkung stellt sich bei den Zuschauern ein? Mitleid? Distanz? Sympathie? Wann genau passiert das und warum?

Auftrittsübung 7
Gleicher Ablauf wie oben. Die Aufgabe lautet: Spiele einen überraschenden Statuswechsel! (Beispielsweise von innen hoch, außen hoch zu innen hoch, außen tief – alle Varianten sind möglich.)
Feedback: Wann und warum lachen die Zuschauer?

Teil 3: Statusübungen

Zuhören in verschiedenen Statusvarianten
Paarweise setzen sich die Spieler/innen zusammen. Eine Spielerin erzählt beispielsweise, wie sie als Kind immer Weihnachten gefeiert hat (oder etwas anderes Umfangreiches). Die andere Spielerin verändert beim Zuhören in kleinen Nuancen ihre Körperhaltung, beispielsweise im Status von »tief« zu »hoch«.
Anschließend folgt ein Austausch darüber, wie sich diese veränderten Körperhaltungen auf die Erzählweise (und die Motivation) der ersten Spielerin ausgewirkt haben. Hinterher wird gewechselt.

Status-Kreis
Alle stehen im Kreis. Eine Spielerin aber sitzt im Kreis auf einem Stuhl. Die Spielerin neben ihr kommt auf die sitzende Spielerin zu und fragt: »Wartest du schon lange?« Die Angesprochene antwortet: »Eine Ewigkeit.«
Die sitzende Spielerin steht auf und reiht sich wieder in den Kreis ein, während die Spielerin, die angelaufen kam, nun die sitzende, wartende Position

übernimmt. Der nächst Spieler kommt angelaufen, fragt: »Wartest du schon lange?«, und die sitzende Spielerin antwortet: »Ewigkeiten«.
Diese kleine Szene wird in den verschiedensten Nuancen der Statusskala gespielt. Der Spieler, der sitzt, sollte versuchen, auf die Statushaltung des fragenden Spielers zu reagieren – nicht schon im Vorfeld ein Statuskonzept festlegen!

König und Diener
Eine Spielerin oder ein Spieler ist »der König«. Die anderen sind die Diener. Der König sagt, was die Diener zu tun haben: »Steht auf einem Bein, hüpft durch den Raum, kriecht durch die Stuhlbeine, tanzt auf den Tischen, …« Der König darf von seinen Dienern verlangen, was er will.
Die Diener können auf zwei Arten rebellieren:

- Sie können »schöner sterben«, das heißt, sie brechen lautlos aber dramatisch zusammen und sterben einen kunstvollen Tod,
- oder aber sie stürzen den König. Wenn ein Spieler nämlich selbst König werden will, darf er den König angreifen. Das geht so: Der rebellische Spieler nimmt Blickkontakt mit dem König auf und widersetzt sich dessen Anweisungen – ohne dabei »schöner zu sterben«. Er geht mit Hochstatusblick auf den König zu, bleibt direkt vor ihm stehen und sagt: »Du bist tot.«

Wenn der König sowieso schon seines Amtes müde ist, kann er einfach »schöner sterben«, und der rebellische Spieler ist fortan König. Er wendet sich seinen Dienern zu und sagt: »Ich bin euer neuer König!« Dann gibt er die weiteren Anweisungen und das Spiel geht weiter, bis alle seine Diener erneut gestorben sind oder er wiederum von einem Diener gestürzt wird.
Der König kann sich aber auch wehren: Wenn ein Spieler im Hochstatus auf ihn zutritt und sagt: »Du bist tot«, kann der König antworten: »Noch lange nicht!« Dann müssen König und rebellischer Spieler den Status auskämpfen. Das geht so: Alle anderen Diener stehen auf und gucken zu. König und rebellischer Spieler müssen aufeinander zugehen und voreinander stehen bleiben, dabei Blickkontakt halten. Wer als Erster lacht oder den Blick abwendet, hat verloren und muss »schöner sterben«. Der Gewinner wendet sich den Dienern zu und sagt: »Ich bin euer neuer König.« Das Spiel geht weiter. Die »Leichen« können jederzeit wieder aufstehen und weiter mitmachen.

Das Spiel – so albern es sein darf – soll »ehrlich« gespielt werden: Die Diener sollen sich genau dann verweigern und »schöner sterben«, wenn sie das Gefühl haben, dass sie diese oder jene Anweisung des Königs wirklich nicht befolgen wollen, bzw. wenn sie mit dem »Führungsstil« des Königs nicht einverstanden oder nicht davon überzeugt sind. Sie können aber auch jederzeit zum Leben erwachen, wenn ihnen der Führungsstil wieder gefällt. Auf diese Weise erhält der »König« ein sehr spielerisches Feedback darüber, wie er führt und ob seine Diener motiviert sind.

Wird er angegriffen, erfährt er durch seine freiwillige Aufgabe oder seinen Kampf mit dem rebellischen Spieler sehr viel über sich selbst. Ebenso die Diener, die sich dafür sensibilisieren müssen, inwieweit und bis zu welcher Grenze sie bereit sind, sich unterzuordnen bzw. um die Position des Königs zu kämpfen – und vor allem unter welchen (Führungs-)Bedingungen. (Hoher Spaßfaktor inklusive Erkenntnisgewinn. :-))

Das Spiel muss trotz aller Aufschlüsse, die es bietet, unbedingt sehr albern und spielerisch bleiben. Die Chance, politisch absolut unkorrekt zu handeln, sollte genüsslich ausgekostet werden.

Das »Ja-Spiel«

Aufbau ähnlich wie »Herr Fischer, Herr Fischer, wie tief ist das Wasser?«: Die Gruppe sitzt an der Wand auf einer Seite des Raumes. Ein Spieler steht auf der gegenüberliegenden Seite, darf sich aber während des Spiels frei im Raum bewegen. Dieser Spieler muss durch Mimik, Gestik, Präsenz und durch den verbalen Impuls »Ja« den Rest der Gruppe überzeugen, aufzustehen und den Raum zu durchqueren. Die Gruppe reagiert individuell, je nachdem, wie sich jede/r einzelne angesprochen fühlt. Wer sich nicht angesprochen fühlt, bleibt sitzen. Wer das Gefühl hat, gemeint zu sein bzw. von der »Lehrerin« motiviert worden zu sein, steht auf und geht so weit, wie diese Motivation »reicht«. Der »Lehrer« kann jederzeit durch ein Klatschzeichen aussteigen und die Rolle des »Lehrers« einem anderen Spieler überlassen.
Anschließende Reflexion: Was geht in der »Lehrerin« oder dem »Lehrer« vor sich. Was geht in den »Schüler/innen« vor sich?

Teil 4: Statusstrategien entwickeln

Zentrale Fragestellungen für die Entwicklung einer erfolgreichen Statusstrategie sind:

- Welches Ziel verfolge ich als Lehrkraft in welcher Situation? (Genau formulieren!)
- Welches Statusrepertoire eignet sich für diese Zielsetzung und welchen Status kann ich mir persönlich zutrauen? (Wie sehr kann ich bereits außerhalb meiner Status-Komfortzone authentisch agieren?)

Das heißt wir müssen die Situation möglichst genau analysieren und folgende gedanklichen Schritte vollziehen:
- In welchem Zustand befindet sich mein Gegenüber?
- Welchen Status nimmt mein Gegenüber ein?
- Welches Ziel verfolge ich selbst in dieser Situation?
- Wie kann ich durch mein Verhalten die Situation steuern und mein Ziel erreichen?

Beispiel-Aufgaben

Beispiel 1: Ihr Gegenüber ist außen im Tiefstatus: Eine Schülerin sitzt völlig aufgelöst und weinend vor Ihnen. Sie hat sich mit zwei anderen Schülerinnen in Ihrer Klasse gestritten und will sich jetzt von der Schule abmelden.

Der gesellschaftliche Status ist klar, Sie befinden sich im Hochstatus, die Schülerin im Tiefstatus. Wie aber steht es um den inneren Status? Ist die Schülerin innen hoch oder innen tief? (In fast allen Konfliktsituationen ist der innere Status Ihres Gegenübers tief!)

1. Um eine möglichst präzise Situationsanalyse vornehmen zu können, müssen Sie erst einmal versuchen, weitere Fakten zu sammeln: W-Fragen: Wer hat was wann wo warum wie gemacht? Wie ist es zu diesem Zustand gekommen?
2. Was wollen Sie erreichen? Wie wollen Sie aus dieser Situation hervorgehen? (Wollen Sie, dass sich die Schülerin abmeldet und Sie Ihre Ruhe haben, oder sehen Sie einen Sinn darin, das Problem zu lösen?)
3. Welchen Status können Sie sich leisten, was trauen Sie sich zu?
4. Welche Status-Taktik wählen Sie?

Beispiel 2: Ihr Gegenüber ist außen im Hochstatus: Der Hausmeister brüllt Sie an, weil Ihre Schüler eine Schranktür kaputt gemacht haben.

Gesellschaftlicher Status ist klar, Sie befinden sich im Hochstatus, der Hausmeister im Tiefstatus. Wie aber ist der innere Status des Hausmeisters? Haben Sie beispielsweise einen »Kläffer« vor sich?

1. Situationsanalyse, W-Fragen (siehe oben)
2. Was wollen Sie erreichen? (Wahrscheinlich, dass der Hausmeister den Schrank repariert.)
3. Können Sie den Hausmeister durch äußeres Tiefstatusverhalten »in der Wippe nach oben schicken« und ihn dazu bringen, dass er sich gut dabei fühlt, den Schrank zu reparieren? Oder wollen Sie es dem unverschämten Hausmeister mal so richtig zeigen?
4. Welche Status-Taktik wählen Sie?

Beispiel 3: Ihr Gegenüber ist außen im Hochstatus: Ein sehr selbstbewusster Schüler macht Sie vor der Klasse lächerlich und stellt Ihre Fachkompetenz infrage.

Gesellschaftlicher Status ist klar. Sie befinden sich im Hochstatus, der Schüler im Tiefstatus.

1. Situationsanalyse, W-Fragen: Welches Ziel verfolgt der Schüler? Was erhofft er sich? Was braucht er eigentlich? Wie geht es diesem Schüler? Welchen Mangel kompensiert er? Wie sieht seine private, eventuell psychologische Situation aus?
2. Was wollen Sie erreichen? (Dass er sich entschuldigt? Dass er sich beruhigt, seine Probleme in den Griff bekommt und ein netter, guter Schüler wird? Dass er von der Schule fliegt? Dass er gedemütigt wird, weil er Sie gedemütigt hat? Die letzten beiden »Zielsetzungen« entlarven einen inneren Tiefstatus beim Lehrenden.)
3. Können Sie diesen Schüler durch äußeres Tiefstatusverhalten »in der Wippe nach oben schicken«, ihm das Gefühl geben, dass er es sich mit Ihnen besser nicht verscherzen sollte, dass Sie ihn durchschauen, aber respektieren und schätzen? Können Sie eigene Emotionen kontrollieren, eigene Eitelkeiten und Vorurteile überwinden und sich gemäß Ihrer beruflichen Aufgabe in den Dienst dieses Jugendlichen stellen? Sind Sie der Persönlichkeit dieses Schülers gewachsen? Fühlen Sie sich ihm gegenüber überlegen und für ihn verantwortlich oder löst dieser Schüler Minderwertigkeitsgefühle bei Ihnen aus? Welches Statusverhalten trauen Sie sich zu?
4. Welche Status-Taktik wählen Sie?

Beispiel 4: Ihr Gegenüber ist außen im Hochstatus. Sie haben beim Elternabend einen Vater vor sich sitzen, der Anwalt in einer sehr renommierten Kanzlei in Ihrer Stadt ist. Dieser Vater wirft Ihnen vor, dass Sie die Hochbegabung seines Sohnes aufgrund Ihrer Inkompetenz nicht erkennen und Ihre Notengebung unprofessionell und ungerecht ist.

Gesellschaftlich ist der Status klar: Sie sind die Lehrkraft, er ist Vater eines Schülers. Sie sind im Hochstatus, er im Tiefstatus. Was aber den gesellschaftlichen Status außerhalb der Schule angeht, empfinden Sie sich vielleicht als ebenbürtig bzw. ist der gesellschaftliche Status (aus Ihrer Sicht) eventuell leicht zu Ihren Ungunsten verschoben. (Dabei ist es sinnvoll, sich folgende Frage (ehrlich) zu stellen: Wie verorten Sie persönlich Ihren gesellschaftlichen Status als Lehrer/in? Davon ist es abhängig, wie sehr Sie in der Lage sind, inneren Hochstatus einzunehmen. Das müssten Sie allerdings, denn: Ihnen muss klar sein, dass Sie in dieser Situation unter allen Umständen gesellschaftlichen Hochstatus haben. Selbst, wenn Angela Merkel vor Ihnen säße, wäre sie als Mutter gekommen, nicht als Bundeskanzlerin. Das heißt: Ob Sie es wollen oder nicht: Sie tragen die volle Verantwortung. Sie sind »Chef«.) Wie steht es um den inneren Status des Mannes?

1. Situationsanalyse, W-Fragen: Was will dieser Mann wirklich? Wie ist seine Beziehung zum Sohn? Warum ist er heute hier? Was will er erreichen? Welche Taktik spielt er? Wo liegen die Gründe für seine Aggressivität? (Wovor hat er Angst? Hat er ein schlechtes Gewissen, das er an anderer Stelle kompensieren muss? Wie sind seine eigenen Schulerfahrungen, sein Verhältnis zu Lehrerinnen, vielleicht zu starken Frauen überhaupt? ...)
2. Was wollen Sie erreichen? (Dass ein so arroganter Typ endlich mal einsieht, was Lehrer alles leisten? Das können Sie vergessen. Dass der Vater rausfliegt, weil Ihr Schulleiter sich ein so unverschämtes Auftreten gegenüber seinen Kollegen nicht bieten lässt? – Das können Sie wahrscheinlich auch vergessen. Vielleicht wollen Sie erreichen, dass dieser Mann einsieht, dass Sie durchaus kompetent sind und seinen Sohn richtig einschätzen und fördern können. Vielleicht hoffen Sie, dass er mit Ihnen zusammenarbeitet und Sie einfach Ihre (gute) Arbeit machen lässt, damit der Sohn sich gut entwickeln kann.)
3. Um Letzteres zu erreichen, gibt es in diesem Falle nur eine Statusmöglichkeit: Sie müssen knapp höher bleiben als er. Die Frage ist, ob Sie sich das

zutrauen. Hier ist zunächst distanzierter Hochstatus angesagt und absolute Sachlichkeit (Distanz, Respekt). Um eine Eskalation zu vermeiden, muss (für fortgeschrittene Statusspieler) nach einiger Zeit innen hoch, außen tief versucht werden. So unglaublich es klingt, auch dieser Vater muss nämlich in der Wippe nach oben geschickt werden, da er ganz offensichtlich in heller Aufregung über seinen Sohn ist. Er wird Ihnen aber nur zuhören, wenn er Sie respektieren kann, deshalb unbedingt Hochstatussignale senden! Aber aus dem Hochstatus heraus kann auf eine andere Ebene gewechselt werden (weg von der Ebene gegenseitiger Beschuldigungen und Wertungen!) – auf eine Ebene der professionellen Fürsorge und des Interesses an dem Sohn und einer stimmigen Beschreibung seiner Schulsituation und seiner realistischen Möglichkeiten (Hochstatus der Liebe). Der Vater muss von seinem Druck befreit werden und das Gefühl bekommen, dass er in professionellen Händen ist. Daher muss hier aus absolutem Hochstatus heraus eine dienende, fürsorgliche Haltung eingenommen und der Mensch angesprochen werden, also der Vater, nicht der Anwalt! Das heißt: Sie sprechen ausschließlich über den Sohn und trennen klar zwischen Sach- und Beziehungsebene! Und: Sie sollten innerlich entspannt bleiben und sich nicht persönlich angegriffen fühlen. Sie steuern die Situation. Sie dürfen sich auf keinen Fall in eine Situation hineinmanövrieren lassen, in der Sie sich rechtfertigen.

4. Welche Status-Taktik wählen Sie?

Beispiele und mögliche Lösungen durch »innen hoch, außen tief«

Beispiel 1: Ein Schüler am Sportgymnasium weigert sich, seine Latein-Aufgaben zu machen und greift verbal die Lehrkraft an.

- ***Variante 1:*** Die Lehrerin spielt hoch (Kläffer). Der Schüler spielt hoch (Kläffer). Es folgt die Eskalation, eine Verschärfung des Konflikts.
- ***Variante 2:*** Die Lehrerin spielt tief (innen hoch, außen tief). Der Schüler startet als »Kläffer«.
  Lehrerin: »Kannst du helfen, Sven?«
  Sven: »Ne, keinen Bock.«
  (Die Lehrerin lässt ihn erst mal in Ruhe.)
  Sven stört dann aber die anderen. Es folgt ein Konflikt zwischen Lehrerin und Sven. Sven pöbelt.
  Lehrerin: »Entweder du lässt die anderen in Ruhe oder ich muss dich rausschicken«.

Lehrerin signalisiert damit: Du hast die Wahl. Entweder du beruhigst dich oder ich muss eine Kollegin schicken, um dich abzuholen.
Sven rennt raus und böllert draußen gegen die Tür.
Die Kollegin holt Sven daraufhin ab.

Insgesamt bleibt die Lehrerin souverän, freundlich und in ihrer Stimmung ungetrübt. Die Sanktion findet nicht auf einer persönlichen Ebene statt.

Über die »innen hoch, außen tief«-Haltung hinaus ist ein Gespräch unter vier Augen hilfreich, in dem der Schüler Raum bekommt, sich »auszukotzen«. Die Lehrerin stellt sich gewissermaßen als Boxsack zur Verfügung. Sie bleibt dabei nach wie vor wertschätzend und verständnisvoll. (Aber innen hoch, das heißt bestimmt.) Wertschätzung auf persönlicher Ebene bringt den Schüler ganz wortwörtlich auf andere und positivere Gedanken. Der Schüler muss im Gespräch wirklich Raum bekommen! Die Lehrerin muss auch innerlich das Gefühl behalten, diese Situation tragen und lösen zu können (keine Angst, keine Verteidigungs-Reflexe). Sie sollte innerlich ein Gefühl der Fürsorge für den Schüler entwickeln. Im Zweifel sind auch Humor, zugewandte Gelassenheit und echtes, persönliches Interesse an dem Schüler hilfreich.

Beispiel 2: Elternabend: Einige Mütter werfen der Lehrerin vor, dass ihre Kinder nichts lernen, weil es immer nur um Disziplinarprobleme geht. »80 Prozent Disziplinar-Angelegenheiten, 20 Prozent inhaltliche Arbeit am Stoff« lautet der Vorwurf.

- ***Variante 1:*** Die Lehrerin sitzt vorn und wehrt sich gegen die Vorwürfe. Sie gerät in eine Rechtfertigungssituation. Sie wird zum Spielball der Elternvorwürfe. Die Lehrerin gibt die Verantwortung an die »schlechten« Schüler ab und attackiert die Eltern, indem sie ihnen die Verantwortung am Scheitern ihrer Kinder gibt. (Diese Kläffer-Konstellation führt in die Eskalation.)
- ***Variante 2:*** Die Lehrerin fragt konkret nach, statt sich zu rechtfertigen. Sie übernimmt die Verantwortung und fordert die Eltern auf, alles genau zu beschreiben und ihre Sorgen zu äußern. Die Lehrerin ist sehr verständnisvoll und geht auf die Sorgen der Eltern ein. Sie hebt zum Beispiel auch konkrete Erfolge einzelner Kinder hervor (Gedanken auf Positives richten). Hilfreich: Raumkonstellation auf Augenhöhe einrichten (z. B. Sitzkreis).

Die Lehrerin muss innen hoch bleiben und die Eltern tatsächlich (wie kleine Kinder – nicht im abwertenden Sinne) beruhigen und ihnen die Angst und den Druck nehmen. Sie muss herausfinden, was die wahre Ursache ihrer Aufregung ist, und die Verantwortung übernehmen, im Sinne von Fürsorge. Wenn die Eltern sich verstanden fühlen, kippt ihre Aggressivität oft in Hilflosigkeit. Von da aus ist eine konstruktive Zusammenarbeit möglich: Was können wir gemeinsam tun, damit Ihre Kinder vorankommen und ihre Ziele erreichen?

Beispiel 3: Eine Kollegin wird von ihrem Schulleiter und der stellvertretenden Schulleiterin unverhältnismäßig gedemütigt.

Die Kollegin spielt innen hoch, außen tief, gibt ihren »Fehler« zwar zu, verortet diesen aber im Bereich »kleine Unachtsamkeit«. Sie ordnet das Problem sachgemäß ein und setzt deutliche Grenzen, als der Schulleiter verbal übergriffig wird und immer wieder auf der Beziehungsebene statt auf der Sachebene argumentiert.
Die Kollegin hört nicht auf, das Problem immer wieder auf die Sachebene zurückzuführen, während die Schulleitung ins Leere läuft durch unsachliche Aussagen auf der Beziehungsebene.

Die Kollegin bleibt auf diese Weise unangreifbar. Allerdings spürt dieser Kläffer-Schulleiter den inneren Hochstatus der Kollegin und wird dadurch zusätzlich gereizt (gedemütigt). Das heißt, dass eine Lösung des Konflikts nicht erzielt werden kann. Dem Schulleiter geht es darum, sich an der Herabsetzung der Kollegin zu ergötzen, eventuell um anderes zu kompensieren. Es geht ihm überhaupt nicht um den Vorfall, der angeblich Anlass des Gespräches ist, sondern um die Kompensation einer gefühlten Demütigung, die sich der Schulleiter aber wahrscheinlich noch nicht einmal eingesteht. Das Verhalten des Schulleiters ist eigentlich ein Fall für den Therapeuten.

Die Statuslehre kann in diesem speziellen Fall »nur« die Kollegin innerlich stärken und ihre innere Demontage verhindern. Der Konflikt an sich kann aber nicht wirklich gelöst werden, da der

Schulleiter gar nicht an einer sachlichen Lösung interessiert ist, sondern ein privates, unbewusstes Problem in eine Situation hineinprojiziert und seine berufliche Situation dafür missbraucht. In Wahrheit wird in diesem Gespräch etwas ganz anderes verhandelt, was im professionellen Kontext aber nichts zu suchen hat. Das kann aber aufgrund der gesellschaftlichen Rollenkonstellation (Schulleiter und ihm unterstellte Kollegin) nicht benannt werden bzw. würde zur Eskalation führen (entweder der Schulleiter oder die Kollegin müsste die Schule verlassen).

Teil 5: Unbewusste Statusreaktionen erkennen und durch ein bewusstes Konzept ersetzen (Betroffenheit versus Konzept)

Status-Reset: Ein Statussetting beschreiben, in der Gruppe vorbereiten und spontan spielen

Wir alle verhalten uns in Konfliktsituationen nach speziellen Mustern, die wir von Kindheit an internalisiert haben. Tendenziell ist dabei ausschlaggebend, ob wir in Konfliktsituationen eher mit einem Harmoniebedürfnis reagieren oder mit dem Willen, uns durchzusetzen – auch gegen die Interessen anderer.

Unsere Kommunikation wird in starkem Maße von solchen unbewusst internalisierten Verhaltensmustern bestimmt. Der erste Schritt zur Entwicklung einer inneren Hochstatushaltung ist daher das Auffinden, die Analyse und das bewusste »Überspielen« von destruktiven Verhaltensmustern (im Sinne von »neu auf die eigene Festplatte laden«, um das alte Muster zu ersetzen): Wo erlebe ich Situationen, aus denen ich unzufrieden oder sogar mit einem Gefühl der Demütigung herausgehe? (Und dann anschließend »Geistergespräche« mit mir selbst führe, was ich *hätte sagen oder tun sollen*, es aber leider nicht gesagt oder getan habe.) In solchen Situationen erleben wir, dass unser Unterbewusstes leider »schneller« war als unser aufgeklärter Verstand. Genau hier ist unsere Schwachstelle – auch und gerade in der Kommunikation mit Jugendlichen in »schwierigen« Phasen des Arbeitsprozesses. Je besser wir aber unsere eigenen Schwächen und »blinden Flecken« kennen, desto souveräner können wir in unserer Arbeit sein. Und desto größer ist unsere Fähigkeit, den Jugendlichen Raum zu geben und das zu tun oder zu sagen, was ihnen weiterhilft.

Die Status-Reset-Übung hat die Funktion, angelernte, unerwünschte Verhaltensmuster aufzudecken und durch ein anderes, konstruktiveres Statusverhalten zu ersetzen.

- ***Reset – 1. Schritt:*** Alle Spieler/innen erinnern sich an eine jeweils individuelle Situation, die sie als demütigend oder unbefriedigend erlebt haben. Das kann eine Situation bei einer Familienfeier, beim Arzt, unter Freunden, im Beruf, bei einem Bewerbungsgespräch usw. sein. Es muss eine Situation sein, die bei uns im Anschluss zu »Selbstgesprächen« geführt hat: Noch stundenlang hängen wir der Situation nach und bereuen, nicht dieses oder jenes gesagt oder getan zu haben. Wenn jeder so eine Situation für sich gefunden hat, werden die Episoden im Kreis der Gruppe vorgetragen. Die jeweils anderen haben die Aufgabe, diese Situation unter Statusaspekten zu analysieren und sich Notizen zu machen. Zu jeder Erzählerin wird eine Statusanalyse-Karte angelegt. Auf dieser Karte werden die zentralen Punkte der Geschichte in Stichworten vermerkt, sodass man sich die Situation zu einem späteren Zeitpunkt schnell wieder ins Gedächtnis rufen kann. Die Statusgeschichte erhält eine Überschrift, auf die sich die gesamte Gruppe einigt (Wiedererkennung). Jede/r notiert darüber hinaus, was sie/er an Statusverhalten darin erkennt.
- ***Reset – 2. Schritt:*** Wenn jede gehörte Geschichte eine Überschrift erhalten hat, werden diese Überschriften auf Karten geschrieben – eine Überschrift pro Karte – und im Raum verteilt. Alle Teilnehmenden gehen durch den Raum und bleiben an der Karte stehen, die sie interessiert. Auf diese Weise bilden sich Interessegruppen.
- ***Reset – 3. Schritt:*** Jede Gruppe beschäftigt sich im Folgenden mit der ausgewählten Geschichte. Die Gruppen setzen sich zunächst in Kreise und diskutieren und analysieren die Geschichte unter Statusaspekten. In einem zweiten Schritt wird diese (oder eine vergleichbare) Statussituation in der Gruppe spontan gespielt. Im Spiel werden weitere Statusaspekte ausgelotet und auf ihre Wirkung hin analysiert. Anschließend entwickelt die Gruppe spielend mehrere Statusvarianten dieser Situation, zum Beispiel:
  - Die Situation, so, wie sie geschildert wurde.
  - Die Situation (noch weiter) eskalierend.
  - Die Situation mit konstruktivem Ausgang.

Es muss vorher genau festgelegt werden, wer in der Situation welchen Status spielt (innen *und* außen). Durch das jeweils unterschiedliche Verhalten der Hauptperson (dies ist die Figur, die die Rolle der Autorin der Geschichte einnimmt) kann sich das Verhalten der anderen Spieler/innen entsprechend verändern. Hier ist es ganz wichtig, im Spiel tatsächlich zu *reagieren* und nicht an einem zuvor festgelegten mentalen Konzept festzuhalten. Beispiele:

- In der ersten Variante wird die Hauptperson nicht ernst genommen und nicht gehört. Alle anderen verfolgen ihre eigenen Interessen und die Hauptperson »verschwindet« psychisch wie physisch.
- In der zweiten Variante eskaliert die Situation dahingehend, dass sich die Frustrationen der anderen gegen die Hauptperson richten, welche versucht, sich zur Wehr zu setzen, dabei scheitert und noch weiter gedemütigt wird.
- In der dritten Variante reagiert die Hauptperson ausgleichend und deeskalierend, sodass am Ende alle Beteiligten zufrieden aus der Situation hervorgehen.

In allen drei Varianten muss das Statusverhalten von der Gruppe analysiert werden und verbal abrufbar sein (Hauptperson startet innen tief und außen hoch, die anderen reagieren darauf mit innen hoch, außen hoch usw.).

Wenn eine Gruppe mindestens drei Varianten spielen und analysieren kann, geht es ins Plenum. Eine Gruppe stellt ihre Situation kurz vor und zeigt spielend drei szenische Varianten. Die gesamte Gruppe wertet die Beobachtungen unter Statusaspekten aus. Im Anschluss darf die tatsächliche Autorin auf die Bühne gehen und die Rolle der Hauptperson übernehmen. Von diesem Augenblick an reagieren die anderen Spieler/innen der Gruppe aus ihren Rollenkonzepten heraus spontan. Das heißt: wie beim »Ja-Spiel« (siehe S. 143). Die tatsächliche Autorin hat auf diese Weise die Möglichkeit, ihr eigenes Verhalten in dieser Situation durch ein neues, angemesseneres Verhalten zu überschreiben. Sie darf mehrere »Anläufe« machen und ihre eigene Situation mal eskalierend, mal dirigierend, mal konfliktlösend spielen – wie sie möchte. Nach jedem Spiel darf sie sich Feedback aus der Gruppe holen – im Sinne einer Statusberatung: »Wie wirke ich, wenn ich ...«, »Würdet ihr sagen, ich sollte mehr ...?« usw.

Wenn jemand nicht in sein eigenes Statussetting hineingehen und spielen möchte, ist das auch o.k. Schon allein durch das Beobachten des Spiels der anderen entsteht natürlich ein Lerneffekt. Durch das eigene Spiel wird dieser Lerneffekt allerdings potenziert.

Sich einer solchen Statusberatung durch die Gruppe zu unterziehen erfordert starke Nerven und Mut, ist allerdings extrem hilfreich, weil sich die neuen Erfahrungen im Spiel direkt in das Körpergefühl »einschreiben« und dadurch eine Verhaltensänderung im Konfliktfall tatsächlich wahrscheinlich wird. Hier ein Beispiel:

Person A nimmt vor dem Spiel eine kurze Selbstanalyse vor und schildert diese der Gruppe (Selbstbild): »Ich bin eine natürliche Tiefstatus-Spielerin. Ich stelle euch eine typische Situation aus meinem Alltag vor, in der ich ein für mich nachteilhaftes Statusverhalten zeige (immer innere und äußere Haltung).«

Folgende Beispiele sind teils aus der Perspektive der Lehrkräfte und teils aus der Perspektive der Schüler/innen formuliert:

- »Wenn mich im Unterricht ein Schüler angreift, reagiere ich tendenziell innen tief, außen hoch. Beispiel: ...«
- »Wenn ich in einer Gesprächsrunde sitze und mich selber vorstellen soll, tendiere ich dazu, eher ...«
- »Wenn im Kollegium ein Konflikt entsteht, ...«
- »Wenn in der Klasse ein Konflikt entsteht, ...«
- »Wenn mich auf dem Schulhof jemand einschüchtert oder angreift, ...«
- »Wenn im ICE jemand auf meinem reservierten Platz sitzt, ...«
- »Wenn ich Weihnachten meine Familie besuche, nehme ich folgende Rolle in der Familie ein, ...«
- »Unter meinen Geschwistern war ich ...«
- »Wenn mich ein Lehrer auffordert, etwas zu sagen, ...«
- »Wenn mich jemand im Klassenraum beleidigt, ...«
- »Wenn meine Mutter mir sagt, wie ich etwas machen soll, ...«
- »Wenn ich der Schulleiterin erklären möchte, dass ich für eine interessante Fortbildung beurlaubt werden möchte, ...« usw.

4.5 Statussituationen im Schulalltag

Zum Umgang mit »schwierigen« Schülern

Haben Sie eine Schülerin oder einen Schüler ausfindig gemacht, der ganz besonders für Störungen im Unterricht zuständig ist, bitten Sie ihn zu einem kurzen Gespräch unter vier Augen vor die Tür. Sobald Sie mit ihm draußen vor der Tür stehen, wechseln Sie Ihren Status: Seien Sie nicht der empörte, enttäuschte Lehrer, der mit Sanktionen droht, sondern nehmen Sie Tiefstatus ein und schicken Sie den Schüler auf der Wippe nach oben, indem Sie ihn ernsthaft und persönlich auf Augenhöhe ansprechen. Sie stellen also einen Statusausgleich her und begegnen ihm auf menschlicher Ebene in der Form eines »Gesprächs unter Freunden«.

Dies erreichen Sie, indem Sie erst einmal nicht auf die Vorfälle im Unterricht eingehen, sondern beispielsweise mit einigen positiven Verhaltensweisen beginnen, die Ihnen bei dem betreffenden Schüler aufgefallen sind. Fragen Sie ihn, wie es ihm hier an der Schule geht, wo er vorher war, was ihm hier nicht gefällt und Ähnliches. Wenn eine vertrautere Gesprächssituation hergestellt ist, erklären Sie ihm, was er Ihrer Meinung nach hier erreichen kann und dass Sie nicht auf ihn verzichten möchten, dass sein jetziges Verhalten aber nicht akzeptabel ist. Finden Sie einen konkreten, persönlichen »Deal« mit dem Schüler: Stellen Sie hohe Erwartungen an ihn, konkretisieren Sie diese und machen Sie deutlich, dass Sie »genau wissen«, was er zu leisten imstande ist, und dass Sie »auf ihn bauen«.

Zum Schluss eröffnen Sie ihm zwei faire Handlungsalternativen: Das eine Verhalten wird ein bestimmtes Ergebnis haben, das andere Verhalten ein anderes Ergebnis. Lassen Sie dem Schüler die Wahl und drohen Sie nicht. Zeigen Sie sich ihm gegenüber freundlich, zuversichtlich und entspannt. (Achten Sie aber darauf, dass Sie bei Ihren Handlungsalternativen nicht etwas vorschlagen, was Sie anschließend in eine unangenehme Lage bringt oder dazu zwingt, eine Konsequenz folgen zu lassen, die Sie nicht durchsetzen können oder wollen. Denn Sie müssen transparent und konsequent sein, damit Sie für den Schüler überzeugend, klar und durchsetzungsfähig sind.)

Checkliste für Unterrichtsstörungen

- Greifen Sie nur im absoluten Notfall auf institutionelle Sanktionen zurück.
- Nehmen Sie sich vor, mindestens drei Mal im Unterricht zu lachen.
- Geben Sie eigene Schwächen zu und stellen Sie sich in einzelnen Situationen bewusst »trottelig« an, um Ihre Schüler/innen »aus der Reserve« zu locken.
- *Wenn Sie sich von Schüler/innen provoziert fühlen (diese also Ihren Status herabsetzen wollen), versuchen Sie, entgegen deren Erwartungen zu reagieren (Statuswechsel).* Beispiele hierfür:
- Machen Sie ein Kompliment.
- Loben Sie den Witz oder andere Fähigkeiten des provozierenden Schülers.
- Verschenken Sie einen »geklauten« Gegenstand mit einem Lächeln.
- Ignorieren Sie die betreffenden Schüler/innen, und zwar ohne die geringste emotionale Eintrübung ihrer Stimmung.
- Übergeben Sie ihnen verantwortungsvolle Aufgaben.
- Geben Sie ihnen liebevolle Spitznamen; z. B. »schönste Zicke der ganzen Schule«, »außen hart – innen ganz weich«, »Motzmaschine mit goldenem Herzen«.
- Zeigen Sie sich ehrlich beeindruckt – oder völlig unbeeindruckt.
- Imitieren Sie die Schüler/innen.
- Spielen Sie einen Wutanfall und machen Sie dann einfach so weiter, als sei nichts gewesen.
- Lesen Sie Zeitung.
- Bitten Sie eine Schülerin oder einen Schüler, an Ihrer Stelle »weiterzumachen« und den Unterricht zu übernehmen.
- Brechen Sie alles ab und sagen Sie deutlich, wie Sie sich fühlen.
- Fragen Sie die Schüler/innen, was *Sie* als Lehrer/in heute falsch machen.
- Gehen Sie mit den Schüler/innen raus zum Fußball- oder Versteckspielen, vielleicht sogar zum Eis-Essen.
- Brechen Sie den Unterricht ab und spielen Sie stattdessen »Warmer Regen«: Jede Schülerin und jeder Schüler klebt sich ein Din-A4-Plakat (fester Karton) auf den Rücken, alle gehen durch den Raum und jeder schreibt bei den anderen hinten auf das Plakat, was er persönlich an ihm oder ihr mag.

Natürlich ist nicht jede Reaktion für jede Situation angemessen, denn es ist ja gerade die Kunst des situationsangemessenen Verhaltens, die trainiert werden muss. Aber bei allem, was Sie tun, müssen die Schüler/innen davon überzeugt sein, dass Sie sie mögen und es ehrlich mit ihnen meinen.

Zum Statusverhalten im Lehrerkollegium

Auch für ein möglichst produktives und konfliktfreies Miteinander im Kollegium ist der Statusausgleich das erfolgreichste Mittel. In der Praxis gilt es herauszufinden, wie stark das hierarchische Denken an Ihrer Schule ausgebildet ist: Herrscht eine flache Hierarchie oder eine steile?

Flache Hierarchien erkennt man daran, dass die Kommunikation meistens sehr produktiv ist und das Klima an der Schule entspannt und freundlich. Der Schulleiter lässt sich duzen und wird von allen Kolleginnen und Kollegen geduzt, er ist oft im Lehrerzimmer und plaudert auch privat mit Kolleginnen und Kollegen, er lacht viel und verhält sich vielfach ungezwungen. Erfolgreiche Leiter von flachen Hierarchien sind immer gute Statuswechsler. Sie haben ihren Hochstatus so weit verinnerlicht, dass sie nicht mehr um ihren Status fürchten. Deshalb können sie Tiefstatus spielen und einen Statusausgleich mit den Kolleginnen und Kollegen herstellen.

Die Folge ist ein »statusentspanntes« Kollegium, das in der Lage ist, eine flache Hierarchie auszuhalten und selbst Verantwortung zu übernehmen: Die einzelnen Kolleginnen und Kollegen arbeiten eigenverantwortlich und haben viele Freiräume. Was die Schulleitung macht, findet nicht hinter verschlossenen Türen statt, sondern ist transparent für alle. Insgesamt herrscht ein lockerer, ungezwungener Ton. Von der Schulleitung geht ein wertschätzendes, herzliches Klima aus, das sich auf alle überträgt. Die Kolleginnen und Kollegen arbeiten mehrheitlich in Teams zusammen und pflegen einen freundschaftlichen Umgang miteinander.

Steile Hierarchien kennen wir vielleicht aus unserer Schulzeit, in der fast alle Schulen noch hierarchisch geprägt waren. Typische Kennzeichen und vor allem Auswirkungen von steilen Hierarchien in Schulen sind große Distanz zwischen der Schulleitung und dem »normalen« Kollegium, Alleingänge der Schulleitung, wenig Kommunikation und Transparenz, eine ausgeprägte Opferhaltung bei großen Teilen des Kollegiums und mangelnde Eigenverantwortung der Kolleginnen und Kollegen.

In solchen Kollegien wird viel über die Schulleitung gelästert. Die Verantwortung wird grundsätzlich auf andere abgeschoben: auf die unerzogenen, schlechten Schüler/innen, die ungebildeten Eltern, die bösen Politiker und natürlich die unfähige Schulleitung. In stark hierarchischen Systemen gehen die Kolleginnen und Kollegen Konflikten und offenen Aussprachen aus dem Weg. Sie »entlasten« sich in schwierigen Situationen dadurch, dass sie hinter dem Rücken anderer über Kollegen, Schüler/innen oder die Schulleitung herziehen.

Sie achten auch stets darauf, dass andere genauso viel arbeiten müssen wie sie selbst und dass bloß niemand bevorzugt wird. Deshalb geht ein großer Teil ihrer Energie und Aufmerksamkeit in die argwöhnische Beobachtung von Kolleginnen und Kollegen: Wie viel Aufmerksamkeit erhält Kollege X von der Schulleitung und wie groß ist deren Nähe zu Kollegin Y? Alle achten peinlich genau auf ihre Position innerhalb der Hierarchie – in diesem Fall auf ihre Nähe oder Ferne zur Schulleitung. Über Kollegen, die einen guten Draht zur Schulleitung haben, wird besonders hergezogen, und passiert einem solchen Kollegen ein Missgeschick, freuen sich die anderen mehr oder wenig heimlich, weil sie dadurch das Gefühl haben »aufzusteigen«:

> »Wird ein Mensch mit hohem Status abgesetzt, freuen sich alle, weil sie das Gefühl haben, selbst eine Stufe höher zu steigen.« (Johnstone 2002, S. 65)

Statuskämpfe spielen an einer Schule mit steilen Hierarchien grundsätzlich eine wesentlich größere Rolle als Inhalte. Supervision und ähnlicher »neumodischer Kram« werden von solchen Kollegien häufig als »moderner Schwachsinn« abgetan und blockiert, denn viele Kolleginnen und Kollegen fühlen sich dadurch in ihrer Position bedroht: In »offenen Gesprächsrunden«, womöglich noch mit einem professionellen Mediator, könnten ja ihre Defizite zutage treten. Eines der auffälligsten Merkmale in solchen Kollegien ist nämlich die Angst vor eigenen Fehlern, gepaart mit einem ausgeprägten Selbstmitleid, Egozentrik und fehlendem Verantwortungsgefühl. Daher rührt auch die Einzelkämpfermentalität an vielen Schulen, denn der Unterricht muss hinter verschlossenen Türen versteckt, Konflikte müssen durch lautstarke Schuldzuweisungen kompensiert werden.

Ursache für all diese Verhaltensweisen ist aber eine unsichere Leitung, die um ihren Status fürchtet und daher keinen Tiefstatus zulassen kann. Dieses extreme Festhalten an gesellschaftlich definierten Positionen und einer steilen Hierarchie ist immer ein Zeichen für mangelnde menschliche Souveränität – wobei an dieser Stelle noch einmal darauf hingewiesen sei, dass menschliche Souveränität erlernbar ist!

Abstufungen zwischen diesen beiden – hier sehr krass konturierten – Hierarchietypen kennen Sie bestimmt aus Ihrem eigenen Alltag. An vielen Schulen finden wir Mischformen aus beiden Varianten, nämlich dort, wo ein Kollegium in »Lager« gespalten ist und sich noch nicht einheitlich für einen gemeinsamen Weg entschieden hat, weil seine Leitung unsicher ist.

Wenn Sie ein guter Statuswechsler im Unterricht sind und gute, vertrauensvolle Beziehungen zu Ihren Schüler/innen aufgebaut haben, werden Sie von hierarchisch denkenden Kollegen als ranghöher eingeschätzt. Dies zieht das Bedürfnis nach sich, Sie im Status herabzusetzen. Daher ist es sinnvoll, folgende »Regeln« im Umgang mit hierarchisch denkenden Kolleginnen und Kollegen zu beachten:

Regeln zum Statusverhalten im Lehrerkollegium

- In Lehrerkonferenzen *müssen* Sie Hochstatus spielen (siehe S. 65)! Setzen Sie sich also entspannt und aufrecht hin, bevor Sie sprechen. Achten Sie darauf, den Kopf beim Sprechen still zu halten. Vermeiden Sie überflüssige Gesten mit den Händen. Sprechen Sie langsam, laut und deutlich. Vermeiden Sie »Äh's« in Ihren Sätzen. Lassen Sie sich nicht unterbrechen. Halten Sie den Blickkontakt zu Einzelnen etwas länger als üblich.
- In Augenblicken aktiver Rivalität müssen Sie Ihre »Angreifer« bedrohen. Das klingt härter, als es gemeint ist, deshalb ein Beispiel: Wenn Ihnen jemand vorwirft, Sie machten keinen »ordentlichen Unterricht«, weil Ihre Schüler/innen immer nur »Spaß haben«, Ihre Sitzordnung »unmöglich« ist oder die Schüler/innen bei Ihnen »alles dürfen«, sollten Sie stichhaltige Argumente parat haben, mit denen Sie ein oder zwei »Schwächen« Ihres »Gegner« öffentlich machen. Dann wird er sich in Zukunft zweimal überlegen, Sie erneut öffentlich anzugreifen. (Über die »richtigen« pädagogischen Methoden zu diskutieren macht in dieser Situation überhaupt keinen Sinn: Jemand, der Sie öffentlich angreift, wird sich nicht durch ein paar Sätze von einem grundsätzlich anderen pädagogischen Ansatz überzeugen lassen. Außerdem geht es hier ganz offensichtlich nicht um Inhalte, sondern um ein klassisches Statusgerangel.)
- Wenn Sie hören, dass hinter Ihrem Rücken schlecht über Sie gesprochen wird, sprechen Sie die Betreffenden offen darauf an. Vermeiden Sie in solchen Situationen aber ein Gespräch unter vier Augen. Es sollte mindestens eine weitere Person Ihres Vertrauens anwesend sein.

Für den Umgang mit Kolleginnen und Kollegen, die eher zu flachen Hierarchien neigen, gilt: Orientieren Sie sich an dem Beispiel von den zwei Freunden im Gespräch (siehe S. 43). Senken Sie also Ihren Status, wenn Ihr Gegenüber seinen Status senkt, und umgekehrt. Stellen Sie unentwegt einen Statusausgleich her und erheben Sie sich nicht über Ihr Gegenüber. Zeigen Sie sich wertschätzend, einfühlend, hilfsbereit und anerkennend. Achten Sie stets darauf, dass zwischen Ihnen kein Statusgefälle entsteht. Trauen Sie sich zunehmend, auch Tiefstatus zu spielen, und übernehmen Sie so Verantwortung.

Umgang mit der Schulleitung

Hier gilt dieselbe Grundregel wie für den Verkäufer auf dem Flohmarkt (siehe S. 72): *Bleiben Sie immer knapp unter dem Status Ihres Gegenübers.*

- Ist Ihr Schulleiter ein typischer *Tiefstatusspieler* (immer etwas gehetzt, leicht überfordert in seiner Position, konfliktscheu und autoritätsgläubig), dann müssen Sie noch etwas tiefer spielen als er, damit er sich auf keinen Fall angegriffen fühlt. Aber nicht zu tief, denn dann würde er Sie als »untertänig und anbiedernd« empfinden. Spielen Sie zu hoch, wird er Ihr Auftreten als »frech und anmaßend« empfinden und Sie werden bei ihm nichts erreichen.
- Ist Ihr Schulleiter ein typischer *Hochstatusspieler* (als Beispiel dient uns wieder eine laute, joviale »Rampensau«), dann müssen Sie ebenfalls hoch spielen und selbstbewusst und sicher auftreten, um seinen Respekt zu gewinnen. Aber auch hier müssen Sie knapp unter seinem Status bleiben, damit er sich nicht von Ihrem Auftreten düpiert fühlt und den Drang empfindet, Sie im Status herabzusetzen.
- Haben Sie einen *Statuswechsler* vor sich, also jemanden, der eine Hochstatushaltung verinnerlicht hat, aber nicht ausspielt, passen Sie Ihren Status dem seinen an. Spielen Sie aber nicht höher als er – was wahrscheinlich ohnehin schwierig ist, weil Ihr Gegenüber sofort reagieren und einen Statusausgleich herstellen wird.

Umgang mit dem Hausmeister

So gut wie jeder Hausmeister empfindet sich den Lehrer/innen gegenüber im (gesellschaftlich definierten) Tiefstatus. Daher ist es fatal, wenn Sie ihm gegenüber hoch spielen. Hausmeister leiden verständlicherweise unter der teils überheblichen Art, mit der sie von Lehrer/innen behandelt werden. Daher haben sie oft auch keine hohe Motivation, gewisse Lehrerkolleginnen und -kollegen im Schulalltag zu unterstützen. Daher ist es sinnvoll, Respekt dem Hausmeister gegenüber dadurch zum Ausdruck zu bringen, dass Sie sich – genau wie gegenüber den Schülerinnen und Schülern – im Tiefstatus verhalten. Signalisieren Sie ihm also deutlich, dass Sie seine vielfältigen Aufgaben sehen und schätzen und dass Sie auf seine Unterstützung angewiesen sind.

Hausmeister stehen an der Schnittstelle zwischen Stadtverwaltung und Schule und haben einiges auszuhalten. Selten haben sie die Möglichkeit, ihre vielfältigen Konflikte und Schwierigkeiten im Alltag Lehrer/innen gegenüber transparent zu machen. Auch darum ist es für eine fruchtbare Kommunikation mit dem Hausmeister sinnvoll, ihm gegenüber Tiefstatus zu spielen, Interesse für seine Sicht der Dinge aufzubringen und eventuelle eigene Schwächen einzugestehen. Je tiefer Sie ihm gegenüber spielen (z.B. »O je, mit dem Stromkasten kenne ich mich gar nicht aus. So viele Schalter ... Können Sie mich vielleicht retten? Ich steige da einfach nicht durch«), desto höher befördern Sie ihn auf der Statuswippe und desto eher wird er bereit sein, Sie zu unterstützen.

Treten Sie dem Hausmeister gegenüber also grundsätzlich im Tiefstatus auf – er wird, genau wie die Schülerinnen und Schüler, Ihren gesellschaftlich definierten Hochstatus ohnehin mitdenken und Sie für Ihr »bescheidenes« Auftreten nur umso mehr respektieren.

Umgang mit der Schulsekretärin

Hier gilt wie beim Schulleiter: *Bleiben Sie immer leicht unter dem Status der Sekretärin.* Ist sie eine Hochstatusspielerin, müssen Sie ebenfalls hoch spielen, aber stets unter ihr bleiben. Spielt die Sekretärin tief, müssen Sie noch ein bisschen tiefer spielen. Da auch die Sekretärin Ihren gesellschaftlichen Hochstatus mitdenkt, zugleich aber ihre eigene, leicht »tiefere« hierarchische Stellung innerhalb der Schule (zu Recht) als ungerecht empfindet, wird sie sich durch Ihr Tiefstatusverhalten aufgewertet und verstanden fühlen.

Schulsekretärinnen haben einen höchst anspruchsvollen Job, der genau wie der Ihre eine Fähigkeit zum Multitasking erfordert. Neben allen Bürotätigkeiten ist sie immer auch menschliche Anlaufstelle und oft der »gute Geist der Schule«. *Daher ist auch hier Tiefstatusverhalten angebracht, in diesem Fall allerdings mit einer Tendenz zum Statusausgleich.* Sie sollten darauf bedacht sein, dass kein Statusgefälle zwischen Ihnen und der Sekretärin entsteht. Nichts ist unproduktiver, ungerechtfertigter und im Alltag blockierender, als die Sekretärin leicht von oben herab zu behandeln.

Tipps für Elterngespräche

Schätzen Sie zunächst ein, ob die Eltern, die vor Ihnen sitzen, eher unsicher und ängstlich sind (Tiefstatus) oder ob Sie es mit selbstbewussten Hochstatusspielern zu tun haben.

Bei unsicheren Eltern handeln Sie nach dem Prinzip der Statuswippe: Gehen Sie ganz tief und schicken Sie die Eltern auf der Wippe hoch. Viele Eltern fühlen sich bei einem Elterngespräch nämlich in ihre Schulzeit zurückversetzt und wie Schüler, die etwas »ausgefressen« haben. Das ist für ein produktives Gespräch äußerst ungünstig. Da diese Eltern Ihren Lehrerhochstatus sowieso nicht anzweifeln, können Sie sehr tief spielen und ernten dadurch Respekt und Vertrauen. Erst, wenn die Eltern »auftauen«, können Sie Ihren eigenen Status leicht heben, indem Sie die Inhalte des Gesprächs und die Zeit bestimmen. Wichtig ist aber Ihre Grundhaltung, den Eltern »zu Diensten zu sein« – immerhin vertrauen sie Ihnen mit ihren Kindern das Wertvollste an, was sie haben.

Daher gilt grundsätzlich in allen Elterngesprächen: *Formulieren Sie immer positiv.* Zählen Sie all die Fähigkeiten auf, die Ihnen bei dem betreffenden Kind aufgefallen sind. Beschweren Sie sich nicht über schlechtes Verhalten, sondern machen Sie konkrete Vorschläge, wie das ein oder andere Lern- oder Sozialverhalten optimiert werden kann. Betonen Sie, dass Sie von den Fähigkeiten des Kindes überzeugt sind und viel von ihm halten. Beschreiben Sie ganz konkret Ihre Erwartungen und zeigen Sie sich absolut zuversichtlich, dass diese Ziele erreicht werden können.

Geben sich die Eltern sehr selbstbewusst, ist es wichtig, sich folgende Frage zu stellen: Sind die Eltern aufgeschlossen und insgesamt an einem Gespräch mit Ihnen interessiert, oder sind sie gekommen, um Sie anzugreifen? Im ersten Fall sollten Sie um einen Statusausgleich bemüht sein und eine »freundschaftliche« Atmosphäre auf Augenhöhe erzeugen.

Im zweiten Fall *müssen* Sie Hochstatus spielen und durch Sachkompetenz überzeugen. Lassen Sie sich auf keinen Fall auf ein Statusgerangel ein: Sie sind der Profi. Bleiben Sie in allen Situationen freundlich, sachlich und gelassen. Ihre Haltung und auch Ihre Stimmung darf von aufgebrachten Eltern nicht zu beeinflussen sein. Signalisieren Sie Verständnis, Interesse und vor allem Zuversicht, was die Entwicklung des Kindes angeht. Aber vermeiden Sie in einem solchen Fall unter allen Umständen Tiefstatusgesten.

5 Resümee

Derzeit leiden viel zu viele Lehrkräfte an Stresserscheinungen, psychosomatischen Erkrankungen und nicht zuletzt am Burnout-Syndrom. Diese insgesamt alarmierende Entwicklung ist nicht auf die angebliche Faulheit oder Unfähigkeit der Lehrer/innen und Lehrer zurückzuführen. Vielmehr haben sich die Aufgabenfelder, Anforderungen und Erwartungen an ihren Beruf in den letzten Jahrzehnten massiv gewandelt: Der Unterrichtsalltag eines Lehrers ist zunehmend komplexer und anspruchsvoller geworden.

Wesentliche Teile des Alltags sind ohne die sogenannten »Soft Skills« überhaupt nicht mehr zu meistern. Und die wesentlichste Voraussetzung, um Unterrichtsinhalte überhaupt erfolgreich vermitteln zu können, ist eine gelingende Beziehungsgestaltung zwischen Lehrern und Schülern. Diesem Umstand wird in der Lehrerausbildung in keinster Weise Rechnung getragen. Stattdessen werden Lehrerinnen und Lehrer weitestgehend unvorbereitet auf die Realität »losgelassen«. Was in der Ausbildung zu guten Benotungen führte und schwerpunktmäßig behandelt wurde, spielt im Schulalltag eine eher untergeordnete Rolle.

Stattdessen finden sich Lehrerinnen und Lehrer in einer psychologisch hochkomplexen Alltagssituation wieder, in der fast alles von einer gelungenen Kommunikation und Beziehungsgestaltung abhängt. Geradezu absurd erscheinen die hohen Ansprüche in anderen Ausbildungsfeldern, wenn dann bei diesem wichtigsten Bereich so getan wird, als könne man »einfach so« improvisieren. Jede Lehrkraft solle sich irgendwie »durchwurschteln«, aber ohne Kenntnisse und ohne das geringste Instrumentarium in der Hand

zu haben. Die zunehmenden Erkrankungen von Lehrern sind eindeutig auf diese täglichen Überforderungen zurückzuführen.
Im Schulalltag sehen sich Lehrerinnen und Lehrer auch einer zunehmenden Bürokratisierung ihres Berufsbilds ausgesetzt. Das Erstellen von Plänen, Curricula, Berichten, Erwartungshorizonten und Evaluationen, die Teilnahme an zahlreichen Ausschüssen und Konferenzen scheinen einen weitaus höheren Stellenwert zu haben als die direkte inhaltliche und pädagogische Arbeit und Auseinandersetzung mit den Jugendlichen. Dafür bleiben immer weniger Zeit und Ressourcen. Diese Entwicklung ist im Hinblick auf die ebenfalls zunehmenden Verhaltensauffälligkeiten der Jugendlichen fatal.

Da, wo Jugendliche heutzutage dringend menschliche Aufmerksamkeit, echte Zuwendung, Anleitung und Bestätigung brauchen, werden eher Formulare ausgefüllt, als dass Zeit und Raum für eine direkte Auseinandersetzung von Mensch zu Mensch bleibt. Stabile menschliche Beziehungen und zwischenmenschliche Erfahrungen sind für Heranwachsende aber die Grundvoraussetzung für die Ausbildung von Werten und die Entwicklung einer stabilen Persönlichkeit. Dies wiederum ist in einer komplexen Gesellschaft, in der der ständige Wandel zur Normalität geworden ist und es kaum mehr Sicherheiten gibt, geradezu unabdingbar, um darin den eigenen Platz finden zu können und den vielfältigen Anforderungen gewachsen zu sein.

Die Quelle eines in diesem Sinne gelingenden Erziehungsprozesses gerät im derzeitigen Schulsystem zunehmend in den Hintergrund: der Aufbau einer gelingenden, von gegenseitigem Vertrauen geprägten Lehrer-Schüler-Beziehung. Diesem Missstand kann vorerst nur begegnet werden, indem Lehrerinnen und Lehrer wieder selbst Verantwortung übernehmen und eigene Wege gehen. Denn politisch sind wirkliche Lösungen erst einmal nicht zu erwarten.

Das bedeutet konkret: Nicht alle Regeln und Vorschriften sind sinnvoll. Lehrerinnen und Lehrer müssen wieder frecher, mutiger und eigenverantwortlicher werden und vor allem eigene Schwerpunkte setzen. Ein Blatt Papier kann nie so wichtig sein wie ein Mensch. Lehrerinnen und Lehrer haben eine hohe Verantwortung – für die Zukunft der ihnen anvertrauten Kinder. Diese wieder in vollem Maße zu übernehmen ist bei Weitem erfüllender und langfristig erfolgversprechender, als in einem Gefühl von ängstlicher Pflichterfüllung zu ersticken.

Diese Haltung muss gekoppelt sein an ein neues, positives Verständnis der beruflichen Aufgabe, die auch wieder deutlich »lustvoller«, mit Freude behaftet sein muss. Denn Lehrerinnen und Lehrer können nur dann motivierend auf Jugendliche wirken, wenn sie selbst ausgeglichene Persönlichkeiten sind, die Freude an ihrem Beruf haben.

Der Grundgedanke des »Status-Paradoxons« und die Integration des bewusst eingesetzten Statusverhaltens im Schulalltag stellen eine kleine Veränderung mit großer Wirkung dar. Es bedeutet nichts anderes, als eine Hochstatushaltung so zu verinnerlichen, dass unser (Status-)Verhalten nicht mehr ungewollt von außen gesteuert werden kann. Erst dann können wir wirklich Tiefstatus zeigen und unseren Schüler/innen so zu Diensten, also ein Mentor sein. Dies könnte ein Anfang sein, das Lehrerbild in unserer Gesellschaft neu zu denken.

Verabschieden wir uns also von den alten Zöpfen, die dem Bild des Lehrerberufs noch immer anhängen, und wagen ein neues Selbstverständnis unseres Berufs! Vielleicht spüren wir dann wieder, dass der Lehrerberuf einer der erfüllendsten Berufe ist, die es gibt.

Literatur

Bauer, Joachim (2007): Lob der Schule. Sieben Perspektiven für Schüler, Lehrer und Eltern. © 2007 by Hoffmann und Campe Verlag, Hamburg.

Friedrichs, Birte (2014²): Praxisbuch Klassenrat. Gemeinschaft fördern, Konflikte lösen. Weinheim/Basel: Beltz.

Johnstone, Keith (2002): Improvisation und Theater. Berlin: Alexander Verlag.

Kahl, Reinhard (2004): Treibhäuser der Zukunft. Wie in Deutschland Schulen gelingen. Film, Laufzeit 115 Minuten. Weinheim/Basel: Beltz.

Kegler, Ulrike (2009): In Zukunft lernen wir anders. Wenn die Schule schön wird. Weinheim/Basel: Beltz.

Bildnachweis

Coverfoto:	© Maria Zillich, Berlin. Wir danken für die freundliche Abdruckgenehmigung.
S. 16–22, 25:	© picture alliance/dpa
S. 23:	© picture alliance/akg-images
S. 26:	© picture alliance/newscom

Danksagung

Ich danke Roland Holz für seinen genauen Blick auf das Manuskript aus der Sicht eines erfahrenen Schauspielers und meinem Lektor Jürgen Hahnemann für seine engagierte und sehr hilfreiche Unterstützung.